令和**7**年
改訂版

東京都主任教諭選考
職務レポート
合格対策集

編著 **松浦正和**
元東京都公立小学校長

教育開発研究所

はじめに

　主任教諭は、東京都独自の職として平成21年4月に初めて配置されました。それから16年。学校運営における役割は定着し、各学校でミドルリーダーとしての重要な職務・役割を担っています。

　一方で学校を取り巻く状況は大きく変化しました。新型コロナウイルス感染症による臨時休業を通して学校の福祉的役割が再認識され、GIGAスクール構想の推進による1人1台端末や高速通信ネットワーク環境の整備によって教育におけるICT活用が進みました。

　また、令和3年1月の中央教育審議会答申「『令和の日本型学校教育』の構築を目指して」では、「全ての子供たちの可能性を引き出す、個別最適な学びと、協働的な学び」の一体的な充実を通して、現行学習指導要領の「主体的・対話的で深い学び」の実現に向けた授業改善につなげることが示され、学校教育の質の向上が求められています。

　不登校、いじめの重大事態、暴力行為はここ数年増加を続けており、子供たちと丁寧に関わっていくことやチームでの支援などが求められます。

　そして教員の大量採用による採用試験倍率の低下、さらに人手不足が顕著になるなど、学校組織の在り方や運営においても課題が山積しています。

　このような状況のなか、これからの学校教育は実際に子供と接する教員が、さらに協力・協働して組織的に行っていく必要があります。その中心となるのは、主任教諭や主任教諭に挑戦しようとする皆さんです。ミドルリーダーとして若手教員の育成や子供たちの教育に力を注いでください。

　そのため、本書の職務レポートの解答例などを活用して、主任教諭としての考え方や学校運営への参画の仕方を修得しましょう。解答例は年度や執筆者によって内容や書き方が異なります。ご自身の担当職務や課題に応じて、参考にするレポートを選んでください。

　本書を通して主任教諭に求められる役割や能力を身に付け、日常の教育活動に生かし、東京都の学校教育の充実のために活躍していただくことを願っています。

令和7年4月

編集代表　　松浦正和

執筆者一覧・略歴

令和7年4月現在

[編著者]

松浦正和　まつうら・まさかず

足立区教科指導専門員／元帝京科学大学教職特命教授

民間企業に勤務後、昭和62年教職に就き、北区でことば・きこえの教室担任、足立区・ニューヨーク日本人学校・中央区で学級担任、大田区立小学校で副校長、港区立小学校2校で校長。東京都公立学校難聴・言語障害教育研究協議会副会長、港区小学校長会長を歴任。帝京科学大学教職特命教授を経て、現在、足立区教科指導専門員。

[執筆者]　※五十音順

石川清一郎　いしかわ・せいいちろう

前狛江市教育支援センター長

昭和50年（1975年）から東京都町田市、世田谷区、稲城市の小学校教諭を経て、平成7年から稲城市内の2校で教頭、平成14年から八王子市、稲城市で校長。平成25年度より同市での再任用校長を平成27年度まで務める。

宮崎倉太郎　みやざき・そうたろう

日本体育大学非常勤講師／武蔵野大学教職相談員等

東京都公立小学校教諭、指導主事、副校長、統括指導主事、指導課長等を経て、武蔵野市立境南小学校長。退職後、同市教育委員会教育アドバイザーから現職。この間、武蔵野市立小中学校長会長、東京都小学校生活科・総合的な学習教育研究会長、全国小学校生活科・総合的な学習教育研究協議会長を務めるとともに、「宿題をなくした校長」として、映画『夢見る校長先生』に出演。

宮澤晴彦　みやざわ・はるひこ

玉川大学教師教育リサーチセンター客員教授

東京都公立小学校教諭・教頭・副校長、東京都教育庁人事部課務担当副参事を経て、平成19年から豊島区内の3校で校長を務める。この間、豊島区立小学校長会長、特別支援学級設置校長会長などを務め、現在は、玉川大学客員教授として体育科及び教職講座の講義を担当する。

山田修司　やまだ・しゅうじ

公益財団法人日本学校体育研究連合会理事・事務局長

東京都公立小学校教諭、東京都足立区市教育委員会指導主事、文京区教育委員会指導室長、公立学校校長、帝京平成大学専任講師、東洋大学教職支援室。この間、東京都教育課程編成資料作成委員、東京都小学校体育連盟・研究会理事長・会長等を歴任する。現在は公益財団法人日本学校体育研究連合会事務局長を務める。

令和7年改訂版

東京都主任教諭選考
職務レポート
合格対策集

══ CONTENTS ══

はじめに……2

執筆者一覧・略歴……3

ダウンロードのご案内……174

動画講義のご案内……175

Part 1　合格への準備・対策

主任教諭の位置づけと役割　8

具体的課題から理解する主任教諭の職務　10

　［課題①］教務担当　10

　［課題②］教務担当　11

　［課題③］教務担当　12

　［課題④］生活指導担当　13

　［課題⑤］生活指導担当　14

　［課題⑥］研究・研修担当　15

　［課題⑦］特別活動担当　16

　［課題⑧］学校図書館担当　17

　［課題⑨］学年経営担当　18

　［課題⑩］学年経営担当　19

　［課題⑪］特別支援教育担当　20

　［課題⑫］食育担当　21

主任教諭選考の概要 職務レポートの出題傾向　22

職務レポートとは　24

職務レポートの書き方　26

採点官に響く書き方のポイント　30

職務レポート添削例　32

主任教諭選考に向けた勉強法　36

これまでの選考を振り返る　38

Part 2 　職務レポート 解答例・解説

令和7年度予想問題①－出題の背景とねらい……42

〈解答例〉 教務担当　44
　　　　　生活指導担当　46
　　　　　研究・研修担当　48
　　　　　特別活動担当　50
　　　　　教科担当（小学校の教科担任制）　52
　　　　　情報教育（ICT）担当　54
　　　　　学校図書館担当　56
　　　　　学年経営担当　58
　　　　　特別支援教育（特別支援教室）担当　60
　　　　　養護教諭　62

令和7年度予想問題②－出題の背景とねらい……64

〈解答例〉 教務担当　66
　　　　　生活指導担当　68
　　　　　研究・研修担当　70
　　　　　特別活動担当　72
　　　　　体育・健康教育担当　74
　　　　　教科担当（算数科少人数指導）　76
　　　　　教科担当（外国語科）　78
　　　　　情報教育（ICT）担当　80
　　　　　学年経営担当　82
　　　　　特別支援教育（特別支援教室）担当　84

令和6年度実施問題－出題の背景とねらい……86

〈解答例〉 教務担当　88
　　　　　生活指導担当　90
　　　　　研究・研修担当　92
　　　　　体育・健康教育担当　94
　　　　　道徳教育担当　96
　　　　　情報教育（ICT）担当　98
　　　　　学年経営担当　100
　　　　　特別支援教育（特別支援教室）担当　102
　　　　　養護教諭　104
　　　　　栄養教諭　106

令和 5 年度実施問題－出題の背景とねらい……108

〈解答例〉教務担当　110
　　　　　生活指導担当　112
　　　　　研究・研修担当　114
　　　　　特別活動担当　116
　　　　　教科担当（算数科少人数指導）　118
　　　　　教科担当（生活科・総合的な学習の時間）　120
　　　　　学校図書館担当　122
　　　　　食育（健康教育）担当　124
　　　　　特別支援教育担当　126
　　　　　養護教諭　128

令和 4 年度実施問題－出題の背景とねらい……130

〈解答例〉教務担当　132
　　　　　生活指導担当　134
　　　　　研究・研修担当　136
　　　　　特別活動担当　138
　　　　　教科担当（国語科）　140
　　　　　教科担当（体育科）　142
　　　　　学年経営担当　144
　　　　　特別支援教育担当　146
　　　　　養護教諭　148
　　　　　栄養教諭　150

令和 3 年度実施問題－出題の背景とねらい……152

〈解答例〉生活指導担当　154
　　　　　研究・研修担当　156
　　　　　特別活動担当　158
　　　　　道徳教育担当　160
　　　　　情報教育（ICT）担当　162

Data

平成20年度～令和 6 年度主任教諭選考
「受験者数・合格者数・倍率」……164

東京都公立学校の校長・副校長及び教員としての
資質の向上に関する指標……166

令和 6 年度東京都公立学校
主任教諭選考実施要綱……170

Part

1

合格への
準備・対策

Part1 では、主任教諭の職務や主任教諭に求められること、選考の概要・出題傾向、そして職務レポートの書き方などを解説します。合格へ向けて、まずは基礎・基本から押さえていきましょう。

主任教諭の位置づけと役割

■ 主任教諭の設置

　主任教諭は、東京都が平成21年度から任用を始めた独自の制度です。

　平成18年７月の「教員の職のあり方検討委員会報告」において、「多様化、高度化する都民の公立学校教育への期待に、的確に応えていくためには、学校教育を担う教員一人ひとりの意欲を引き出し、資質・能力の一層の向上を図る必要がある」「教員の職責・能力・業績を適切に評価し、処遇に的確に反映させていく制度を構築することが必要である」とあり、これを受けて東京都教育委員会は、教諭及び養護教諭の職を、職務の困難度や責任の度合いの違いに基づき分化し、新たに主任教諭、主任養護教諭の職を設置しました。また、令和２年４月より主任栄養教諭が新設されました。

○東京都立学校の管理運営に関する規則　第10条の３（主任教諭等）

　学校に、特に高度の知識又は経験を必要とする教諭の職として、主任教諭を置くことができる。（以下略）

■ 主任教諭の位置づけ

　主任教諭等は、右図のように３級職として位置づけられています（「教育職員の任用制度」令和５年４月１日現在）。求められる職務・役割として次の３点があります。

職務の級	職	年齢（最速）
6級	統括校長	45
	校長	43
5級	副校長	39
4級	主幹教諭	33
	指導教諭	
3級	主任教諭	31
2級	教諭	23

　　○校務分掌などにおける学校運営上の重要な役割
　　○指導・監督層である主幹教諭の補佐
　　○同僚や若手教員への助言・支援

主任教諭の役割

主任教諭、主任養護教諭、主任栄養教諭には、学校の教育活動をより
よく進めるために、ミドルリーダーとして次の働きが求められています。

(1) 主任教諭の役割

○主任教諭は、日常的に若手教員を初めとした教員の相談に乗ったり助言
したりする役割をもつ。若手教員の指導育成は校内の人材育成上の大きな課
題であり、主任教諭は若手教員の指導育成について、主幹教諭や副校長と連絡・
相談しながら組織的に行う。○主任教諭自身も、自分の能力開発について自
己研さんに励み、将来の学校経営の中核を担うことを意識し、「学校マネジメ
ント能力」を高める。　　　　（「東京都教員人材育成基本方針【一部改正版】」平成27年2月）

(2) 主任教諭の職務内容

主任教諭、主任養護教諭、主任栄養教諭は、学校の教育課題解決に向
けた体制づくりや教員一人一人の資質・能力の向上を図るために、以下
のような役割が求められています。

　○主幹教諭を補佐しながら、校務分掌などにおける学校運営上の重要な
　　職務を遂行する。

　○同僚や教諭等に対して助言や支援を行う。

（東京都公立学校の校長・副校長及び教員としての資質の向上に関する指標）

＊　　＊　　＊

「東京都公立学校等職員の標準職務遂行能力を定める規則」（平成28年
3月28日教育委員会規則第23号　令和6年4月1日施行）が定められ、
主任教諭は「学校運営力／学習指導力／生活指導力及び進路指導力／特
別活動に関する能力その他の能力」、主任養護教諭は「学校運営力／保健
管理に関する能力／保健教育に関する能力その他の能力」、主任栄養教諭
は「学校運営力／地区における栄養教諭、食育リーダー等の支援に関す
る能力／学校における食に関する指導に関する能力その他の能力／学校
における給食の管理に関する能力」とそれぞれの標準職務遂行能力が示
されました。

（松浦正和）

具体的課題から理解する主任教諭の職務

[課題①]
自己主張が強く、他の教職員と協力できない

教務担当 の**主任教諭**が**取るべき課題解決策**

　A教諭は何事にも自分の考え方ややり方があり、それを強く主張する。学年で足並みをそろえて実施しようとしても、自分のやり方を押し通し、時には自分が担当する学級だけ別の方法で実施してしまうこともある。そうした状況に、他の教員から苦情がもち込まれることが少なくない。

　学校は組織体であり、その教育機能を高めるためにも学校教育は組織的に行われなければならない。教職員各々が組織人として与えられた役割を自覚し、その責任を果たすことが求められる。A教諭の行動はそれに反しており、許されるものではない。主任教諭として、A教諭に組織の一員としての自覚を促す必要がある。

　他人から指示されたことはできても、自ら行動できる人間が少なくなっていると言われる現在、A教諭は珍しい存在であり、ある意味貴重な人材であるとも言えます。ですから、A教諭を頭から否定するのではなく、そのよさを生かしながら組織の一員として動いていくことの重要性を指導するという考えに立つ必要があります。

　そのためには、まずA教諭の話をしっかりと聞き、その考え方を理解する必要があります。その上で、A教諭の考え方のなかで納得できる部分は取り入れつつ、仲間と協力することの重要性を指導します。抽象的な話ではなく、具体的な場面での行動を示すようにします。これまでの自分の経験などを織り込みながら話すことで、説得力のある話になります。

　いずれにしても、A教諭との人間関係を構築することが、助言・支援の基盤となります。

（山田修司）

[課題②]

組織が機能しない一因となっている、
分掌された仕事への目的意識が薄い教諭

教務担当 の**主任教諭**が**取るべき課題解決策**

　教員の仕事の中心は児童・生徒の学習指導であるが、Ｂ教諭はそのことだけで手一杯であり、組織の一員としての自覚がない。そのため校務分掌で担当している職務への目的意識が薄くなり、前例踏襲や自分の考えだけでの取組になることが多く、その結果、組織的にも機能不全に陥ることとなった。

　主任教諭としては、常に分掌業務の状況把握に努め、個々の教員への助言や支援を考えておく必要がある。一つの職務の停滞が組織全体に影響を与えることから、組織の一員としての意識を醸成するための手立てを講じていくことが求められる。

　Ｂ教諭がどのように担当職務に取り組んでいるか、日頃から進捗の状況を把握し、適切な助言や支援を行います。企画・準備段階からＢ教諭の考えや意向を確認した上で、しっかりとした目的意識をもつよう促しながら、担当職務の実践内容や方法をアドバイスします。

　特に、取組がどのように推移していったのか、PDCAサイクルに基づいて一緒に考える機会を設定していくことが大事です。これを粘り強く繰り返し、組織の中における立場を自覚させ、組織的に動いていくことの大切さを学んでもらいます。

　また、Ｂ教諭がある程度の経験を積んだ後は、自分自身で改善方策を立案し取り組むことを習慣化させ、成長を実感できるようにしていきます。組織の中の一員として力を発揮することで、達成感や成就感を味わわせることも大事なことです。

（山田修司）

［課題③］
組織運営全体への関与ができていない分掌担当の教諭

教務担当 の主任教諭が取るべき課題解決策

　C教諭は分掌担当になったことで、自分が中心となってやらなければという意識が先行し、全体的な組織運営への関与ができていない。学校運営に直接関わる組織の課題についてはC教諭が一人で考えるのではなく、複数の意見を交換することで緊急の課題に対応していく必要がある。

　主任教諭として、現状をもう一度整理し、何が問題となっており、何を進めて・何を進めてはいけないのか、関係する教員の意見を集約し、今後の方向性と具体的対応策を早急に協議していく。加えて、管理職にも報告して考えを伺うとともに、担当者の資質の問題や運営上の問題点への対応の仕方なども改善していく必要がある。

　主任教諭の基本的な考え方として、全体的な視野に基づいて自身の職務を把握しておく必要があります。日頃から個々の分掌担当者との連絡・調整を図り、状況や問題点を教務主任の主幹教諭等と共有して、学校運営に支障が出ないようにしておきます。

　C教諭への対応については、まず教職員の関係を分かりやすく示した組織図を一緒に作成し、それぞれの教職員の役割や業務の進捗などを確認させます。学校全体の状況を把握させることで、組織の中の一員としてどのように関わっていけばよいのか、考えてもらうようにします。

　その上で、一人での取組を増やし、定期的な報告・連絡・相談を積み重ねることで成長につなげていきます。また、達成感を味わわせて自信を得られるようにします。

（山田修司）

［課題④］

取組の遅れや連携不足の責任を感じず、仕事を進めてしまう教諭

生活指導担当 の主任教諭が取るべき課題解決策

　D教諭は、校務分掌で担当している生活指導に関する仕事において明らかに遅れが生じることがある。また、他の教員との連携不足により、連絡が担当者全体に伝わらず対応できない状況が生じているにもかかわらず、その状況に対する責任を感じないまま、進行させてしまうことがある。

　このような事態に主任教諭として、D教諭の担当内容や進捗状況を把握し、仕事に支障が出ないように、組織的な見直しを図らねばならない。また再発防止のため、原因を明確にして個人的資質の問題や組織的対応の不十分さなどを改善していく必要がある。

　主任教諭は日頃より、担当している校務の各担当者との連携を図り、進捗や課題、関係する他の校務や学年等の調整などについて、きめ細かく状況を把握しておかなければなりません。

　事例のD教諭のような場合は、何が原因でそのような課題があるのかを明確にした上で、組織的な改善策を講じていく必要があります。D教諭と同じ学年に所属する、コミュニケーションを取りながら寄り添っていける教員を中心にして、D教諭の担当分掌の進捗状況を把握し、具体的な助言や支援を実行していきます。

　また、D教諭の職務に対する意識を変えていくことも必要です。今の実践が児童・生徒や学校にとって、どのような関わりがあるのかを考えさせ、また一つ一つの成功体験を積み重ねていくことで自信をもたせるようにしていきます。

（山田修司）

［課題⑤］

適度な運動や食事、睡眠などの基本的生活習慣が不規則な生徒が目立つ

生活指導担当 の**主任教諭・主任養護教諭**が取るべき課題解決策

　夜遅くまで人通りの絶えない商店街を抱えるＥ中学校では、朝会のときに気分が悪くなって倒れてしまう生徒や、心身の不調を訴えて保健室を訪れる生徒が少なくない。また、午前中はボーっとしていて授業に身の入らない生徒も多い。「Ｅ中学校の決まり」という生活上のめあてはあるが、それを意識している生徒は少なく、毎日遅刻する生徒もいる。また、毎年行う体力調査や学力調査の結果は市の平均を下回っている。これらは、不規則な生活習慣に起因していると考えられる。

　主任教諭あるいは主任養護教諭としては、こうした基本的生活習慣の乱れを放置しておくことは許されない。早急に改善のための方策を立案し、対応していかなければならない。

　基本的生活習慣は子供の学習や生活の基盤であり、円滑な教育活動を進めるためにその確立を図ることが重要です。文部科学省も「子どもたちが健やかに成長していくためには、適切な運動、調和のとれた食事、十分な休養・睡眠が大切」と基本的生活習慣の重要性を強調した上で、「子どもの基本的生活習慣の乱れが、学習意欲や体力、気力の低下の要因の一つとして指摘されてい」るとして、社会全体の問題と捉えて取り組むことの重要性を示しています。

　早急に基本的生活習慣を改善するための方策を立案し、生活指導主任を務める主幹教諭や管理職に提言する必要があります。改善策の視点は、二つです。まず、生徒に基本的生活習慣の重要性を理解させ、自己の生活習慣を見直させることです。第二は、保護者への啓発活動です。保健だよりやホームページを活用した情報提供、保護者会の活用などが考えられます。いずれにしても、学校全体で活動方針を共通理解し、組織的な活動を進めていくことが大切です。

（山田修司）

［課題⑥］
学習指導要領の考え方に立った新しい提案が受け入れられない教員

研究・研修担当 の**主任教諭**が**取るべき課題解決策**

　新しい学習の方向性として「個別最適な学び」の実現が求められている。そのために国はGIGAスクール構想による児童・生徒1人1台のデジタル端末を活用した学習を推進している。

　授業での具体的な活用について、デジタル担当教員から各教科担当の主任にとりまとめと提案を行うよう要請があったが、ほとんどの教員は従前の授業スタイルから脱却できず、受け入れてもらえなかった。

　主任教諭はこうした状況を克服し、「個別最適な学び」の実現にあたり、1人1台端末の活用をはじめとしたGIGAスクール構想の目指す考え方や趣旨を周知し、具体化する役割を担っている。

　学校は学習指導要領を踏まえ、その趣旨の実現を図ることが求められています。「個別最適な学び」を実現していくには、1人1台端末を活用していくことはとても重要であり、各教科における授業改善の必須の課題と言えます。

　本事例において、なぜその課題が受け入れられなかったのか、これまでの授業の形から抜け出せない現状における問題点は何なのかを探り、対策を考えていくことが研究・研修担当の主任教諭としての学校経営に参画する第一歩になります。

　授業改善に踏み出せない教員の本心として、デジタル端末の取扱いの未熟さが考えられます。また「個別最適な学び」に取り組むにあたって、全ての教員がICTの取扱いなどにおいてレベルアップしていくことが必要不可欠だと自覚しなければなりません。

　そのため、デジタル端末の習熟に向けた情報提供や学びの場の設定が必要です。ICTの得意な教員数名を中心に推進体制を構築し、ICTの活用を最重要課題と位置づけて進捗を確認しながら、体制の定期的な検討と見直しを進めます。

（山田修司）

[課題⑦]

学校行事の見直しの検討をせず、前例踏襲で仕事を進める教諭

特別活動担当 の主任教諭が取るべき課題解決策

　Ｆ教諭は、担当した学校行事を昨年度と変わらない案で提出してきた。昨年の記録や資料は残っており、今年も同じように進めていけば、大きな間違いはなく、一定の成果や結果が残せるため、現状のままでよいと考えているようである。しかし、安易に前例踏襲に流れてしまっては、自らの能力の向上を妨げる危険性を孕んでしまう。この時点では、まだ会議や打ち合わせで原案を検討する機会はあり、昨年度の課題を修正・改善することは可能である。

　自分の担当職務について常に改善し、よりよくしていく意識をもちながら進めさせるため、主任教諭として組織的な仕組みを考え、指導していくことが必要である。

　多忙を極める学校現場において、自己の担当行事の提案を考えるときにどうしても前年度と同様であったり、残っている資料をそのまま活用したりしがちです。確かに数年にわたって行われてきたことは、それなりに精錬され、ある程度、完成度の高い内容と言えます。しかし、学校としての考え方、保護者・社会からのニーズの変化、職員構成や児童・生徒の実態の違いなど、学校が数年前からほぼ同じ状況にあるわけではありません。

　このような要素を考え、昨年度の振り返りや課題を踏まえれば、新しい要素を含んだ原案になると考えられます。また、組織的にもそのような検証をしていく場を設定していく必要もあるでしょう。そのような取組のない組織は旧態依然としたものとなり、学校教育の後退につながっていきます。

　以上のことから、Ｆ教諭には前例踏襲を見直す必要性を伝え、何を検証・改善していくのか具体的な助言を行い、一緒に考えていくなどの支援をしていきます。このことを通して、Ｆ教諭の提案力や運営力の向上につなげます。

(山田修司)

[課題⑧]

共通理解した仕事が
期日までに提出されない

学校図書館担当 の主任教諭が取るべき課題解決策

校長から「学校図書館を活用して学習指導の充実を図る」ということを指示された学校図書館を担当するＧ主任教諭は、各学年・教科ごとの学校図書館活用計画を作成することを考えた。その趣旨やねらい、具体的な内容や作成方法をまとめ、校長の許可を得て４月当初の職員会議で提案した。いろいろ意見は出たが、９月中に各学年で試案を作成するということで共通理解した。しかし、10月になって各学年の担当者に集まってもらったところ、二つの学年が手つかずの状況であった。

主任教諭の重要な職務の一つとして、担当する職務の進行管理がある。学校図書館活用計画を作成するというＧ主任教諭の考えは的確で、全教職員で共通理解を図るための手順も間違っていない。しかし、共通理解をした４月以降、Ｇ主任教諭からの積極的な働きかけは行われていない。主任教諭として定期的に各学年の進行状況を確認し、必要に応じて助言をしたり必要な資料や情報を提供したりする必要があった。目的の達成に向け、教職員の仕事が円滑に進む環境を整えることは、主任教諭の重要な役割である。

学校教育は組織的な営みであることは周知のことと思います。組織的営みとは、共通の目標に向けて所属職員が協力し、役割分担しながらその達成を目指す営みです。それは、一人一人の所属職員が、与えられた役割を確実に果たすことが前提となります。

そのために、主任教諭として担当する職務の進行状況を的確に把握する必要があります。日常的に進行状況を見守ったり、声をかけたりして確認することが必要です。その上で、円滑な推進に向けて必要な助言をし、支援することになります。その状況は、適宜、主幹教諭や管理職に報告・相談して助言を受けるようにします。　　　　　　　　　　　　（山田修司）

[課題⑨]
向上意欲の低い教諭

学年経営担当 の**主任教諭**が**取るべき課題解決策**

　H教諭は新規採用４年目であり、そろそろ学級経営や学習指導など教員としての基本的な力を身に付けてよい年齢である。しかし、教室は落ち着かず、常にH教諭が子供を強く叱責する声が聞こえていて、教師としての力量の向上が感じられない。悉皆の研修には参加するが、放課後に開催している若手教員の学習会に誘っても、参加することはなかった。指導上の悩みはあるのだろうが、先輩や他の教員に相談する姿も見られなかった。

　主任教諭の重要な職務の一つに、同僚や若手教員への助言・支援などの指導的役割を果たすことがある。

　H教諭は、教員としての資質・能力の向上に積極的に取り組もうという意欲がないことは明らかである。こうした教職員には積極的に関わり、資質や能力の向上に寄与していくことが、主任教諭の重要な役割である。

　教育基本法９条で「学校の教員は、自己の崇高な使命を深く自覚し、絶えず研究と修養に励み、その職責の遂行に努めなければならない」と規定されています。しかし、そのことをいくら言葉で伝えても、H教諭は変わらないでしょう。まずは、H教諭との信頼関係を構築することが必要となります。H教諭もいろいろな悩みを抱えているはずですから、積極的に話しかけてその悩みを聞くところから始めることがよいと思います。指導するということではなく、悩みを聞いて相談相手になるという姿勢が大切です。具体的な話ができるようになったら、研修の必要性やおもしろさなどを助言・支援していきます。

　こうした対応の経過は随時、主幹教諭や管理職に報告し、適切なアドバイスを受けるようにしてください。　　　　　　　　　　　　　　（山田修司）

［課題⑩］

児童との関係をうまく築けず、高圧的な指導をしている教諭

学年経営担当 の主任教諭が取るべき課題解決策

　新規採用３年目のＪ教諭は、学習指導に自信がもてなかったり、児童との関係をうまく築けなかったりしていた。Ｊ教諭は、指導を進めるために教員としての立場を利用して高圧的な言動をしているケースが見られる。

　経験の少ない教員のこのような言動は、児童に悪影響を及ぼし、学級経営にとってもよくない。学年主任の主任教諭として、冷静に現状を分析した上で、Ｊ教諭に助言のできるベテラン教員や、児童との関わり方にアドバイスのできるスクールカウンセラーに支援を依頼していく必要がある。また、授業の具体的な改善について話し合う場を設けるなどの対策も考えられる。

　教員の年齢構成や経験年数を見ると、若手が半数以上を占める学校が多くなり、組織的な研修や指導の場をつくっていく必要性が生じています。

　しかし、指導の状況がうまく把握できず、学級での様子が分かりにくいことも往々にしてあります。主任教諭が当該の教員はもとより、他の学級の教員、また児童からも様子を聞き取っておくことが大切になります。管理職等の定期的な授業観察の機会等も合わせて情報の収集ができる体制が望まれます。

　Ｊ教諭への指導ですが、高圧的になっている原因を十分に探り、指導力の欠如であれば、校内での研修体制の中でできることを考えたり、個別に指導できる場を整えたりすることが求められます。児童との関係性においても、心の問題としてスクールカウンセラーや生活指導主任等とも連携しながら、一つ一つ問題点を解決していく必要があり、そのコーディネーター役を主任教諭が果たしていくことも大切です。　　　　　　（山田修司）

［課題⑪］
子供の障害の受容に拒否反応を示す 保護者への対応と、担当教諭への助言・支援

特別支援教育担当 の主任教諭が取るべき課題解決策

　K教諭は特別支援教育を担当している。発達に課題のある児童が学校生活を送っていくなかで、学級内での児童同士の関わりに困難が見られることが気になっていた。そのことを当該児童の保護者に伝えると、その事実や見方に対して保護者が拒否反応を示し、障害の受容ができなかった。

　直接的には主任教諭である学年主任や特別支援教育担当主任等が保護者に対応する必要がある。日頃の学校での様子や集団生活での課題などを伝え、様々なサポートによって課題が改善されていくことを、他の事例等を紹介するなどの分かりやすい形で理解を求め、支援していく。併せてK教諭には、児童の困り感を改善するために、学校と保護者の協力が大切なことを助言していく。

　自分の子供の障害を受容できない保護者がいるのは珍しくなく、子供のことを一緒に考えていこうとする姿勢で臨む必要があります。確かに、発達障害に関する法律が整備され、教員の発達障害に対する理解も進み、各学校での指導事例も増えています。学校の体制も以前に比べれば改善されてきていますが、当事者となる保護者の不安は変わりません。

　主任教諭としては、児童の状況を保護者の不安を考慮しながら伝え、今どうすることが子供のためになるのかを中心に、共に考えていく環境を整えます。スクールカウンセラーや特別支援教育コーディネーターなどとも連携し、他の事例等を通して改善の様子を伝えていく必要もあります。

　通常の学級内でできること、特別支援学級や特別支援教室等での指導などについても、実際に指導場面を見学したり担当者と相談をしたりする場を設けることで、十分な理解を進めていくことが大切です。保護者との信頼関係の構築が問題解決に欠かせません。　　　　　　　　　　（山田修司）

［課題⑫］

食事などに偏りがあり、
著しい肥満傾向を示す児童が多い

食育担当 の主任栄養教諭が取るべき課題解決策

　新興住宅地にあるＬ小学校では、肥満傾向を示す児童が増え、教員の間で話題になっていた。食べ物の偏食が多く、給食の献立によっては残滓も多いという栄養士からの報告、生活指導主任からは休み時間に外で遊んでいる児童が減ってきているという報告があった。

　食育の推進は、学校教育に課せられた重要な課題であり、肥満傾向を示す児童の増加に対して、主任栄養教諭としてしっかりと取り組んでいかなければならない。

　食生活を取り巻く社会環境の変化のなかで、児童・生徒の食事の摂り方や内容などに問題があることが指摘されており、学校教育において食育を充実させることが求められています。文部科学省ではこのことに関して、学校における食育の推進においては、偏った栄養摂取などによる肥満傾向の増加など食に起因する健康課題に適切に対応するため、「児童が食に関する正しい知識と望ましい食習慣を身に付けることにより、生涯にわたって健やかな心身と豊かな人間性を育んでいくための基礎が培われるよう、栄養のバランスや規則正しい食生活、食品の安全性などの指導が一層重視されなければならない」としています。

　この食育の推進について、まず、児童・生徒の生活実態調査が必要です。その結果をまとめ、全教職員で共通理解した上で、具体的な取組を推進していきます。具体的には、児童・生徒に食の重要性を理解させ、自己の食生活を見直させることが重要です。給食委員会や保健委員会の活用などを考えてください。次に、保護者の啓発が必要となります。給食だよりやホームページを活用した情報提供、保護者会の活用などが考えられます。主任栄養教諭として、組織的な取組を考えていく必要があります。　　（山田修司）

主任教諭選考の概要
職務レポートの出題傾向

主任教諭選考を取り巻く状況

　小学校籍の令和6年度の受験倍率は3.4倍と、引き続き合格することの難しい選考試験となっています。受験資格及び選考方法は次のとおり、これまでと同様です（令和6年度実施要綱より）。

【受験資格者】
(1) 現に東京都公立学校の教諭、養護教諭又は栄養教諭
(2) 臨時的任用教員としての経験も含め、国公私立学校の教職経験8年以上（都正規任用教員歴2年以上）の者
(3) 年齢：満30歳以上60歳未満の者

【選考方法】
(1) 職務レポート（手書き）※1題出題する（1,500字程度）
(2) 勤務実績

職務レポートの出題傾向

　令和3年度以降、問題のリード文が次のように変わっています。
●令和4年度：主任教諭（略）には、担当分掌において、自分の担当する業務の進捗状況を確認しながら分掌全体の進行管理をすることが求められています。
●令和5年度：主任教諭（略）には、主幹教諭を補佐しながら、校務分掌における学校運営上の重要な職務を遂行することが求められています。
●令和6年度：主任教諭（略）は、担当する校務分掌の職務について、同僚や教諭等に助言や支援を行います。
　リード文で示された主任教諭に求められる職務・役割について、設問

（1）で自身が担当している（いた）分掌における課題と理由を、設問（2）でその課題解決の取組を述べます。設問（2）は毎年変わりません。

　設問（1）の過去の出題内容を確かめておきましょう。

●平成28年度：教諭等への助言や支援を行う上で、課題となること
●平成29年度：家庭、関係機関等との適切な連携を図る上で、学校の課題となること
●平成30年度：担当する業務の進行管理や調整を図る上で、課題となること
●平成31年度：児童・生徒理解を基に、実践的・効果的な指導を行う上で、課題となること
●令和2年度：教諭等に対して助言や支援を行う上で、課題となること
●令和3年度：特に学校運営の改善を図る上で課題となること
●令和4年度：特に全体の進行管理を行う上で課題となること
●令和5年度：（主幹教諭を補佐しながら、校務分掌における学校運営上の重要な職務を遂行することについて）担当する分掌内の職務において課題となること
●令和6年度：同僚や教諭等に助言や支援を行うことについて、経験してきた分掌内の職務において、特に課題となること

　設問（1）は、リード文で示される次の①～③の主任教諭の職務・役割に基づいて出題されます。

　①校務分掌などにおける学校運営上の重要な役割

　②指導・監督層である主幹教諭の補佐

　③同僚や若手教員への助言・支援など

　そのため、リード文を的確に読み取り、正対して、設問（1）を論述していくことが大切です。

　出題傾向としては、3年おきに③から、他は①から（令和5年度は②含む）の出題となっています。

（石川清一郎）

23

職務レポートとは

職務レポートの捉え方

　職務レポートとは、職務のなかで直面してきた課題について、現状や問題点、原因などを整理し、主任教諭、主任養護教諭、主任栄養教諭になった場合に、どのように課題を解決していくか、具体的な方策を示しながら自分の考えを分かりやすく述べるものです。したがって、ある程度の経験があり、常に課題意識をもち、自分の担当職務について整理し、マネジメントしている教諭であれば、主任教諭選考に対応できます。

出題にあたっての考え方

　職務レポートでは、受験者の次の点を評価しています。
① 　学級担任や教科担任として、児童・生徒への実践的・効果的な指導が行える職務遂行能力
② 　校務分掌上の主任を担うなど、学校運営における中心的な役割を果たす資質・能力
③ 　校長が作成する学校経営方針等の具現化に向けて、主幹教諭を補佐し、学校運営に積極的に参加する意欲・能力
④ 　若手教員等への助言や支援などの指導力
⑤ 　教員としての使命感、責任感、社会性及び協調性

職務レポート問題文の構成

　職務レポートの問題文は、リード文と設問（1）（2）で構成されています。リード文と設問（1）のテーマが毎年度変更されます（22・23頁参照）。設問の趣旨やねらいについて、それぞれ確認してみましょう。

[リード文]
　主任教諭に求められる職務・役割が示されます。設問（1）（2）はこ

の職務・役割に基づいて論述します。

[設問（1）]

○出題の趣旨

　リード文で示された主任教諭の職務・役割において、受験者が現在あるいは過去に担当している（いた）分掌での課題2点とその理由が問われます。

○論述にあたっての留意点

　担当する教科や学年、校務分掌等での職務を遂行するなかで捉えた組織運営等についての課題と、「なぜ」課題だと考えたのかという理由について、実践・経験等を踏まえて具体的に述べることが大切です。

[設問（2）]

○出題の趣旨

　設問（1）で挙げた課題2点を、主任教諭としてどのように解決を図るのかが問われます。

○論述にあたっての留意点

　「主幹教諭や管理職への報告・連絡・相談」「同僚や若手教員への助言・支援」など、主任教諭としての役割を踏まえ、「組織を円滑に機能させ推進するための具体的な取組」について論述することが大切です。

＊　　　＊　　　＊

　職務レポート全体を通して、①主任教諭、主任養護教諭、主任栄養教諭としての自覚、職務に対する熱意や使命感が読み手に伝わる論述をすること、②論述の展開や内容に一貫性をもたせ、人権への配慮など適切な表現に留意することが大事です。

　職務レポートの作成にあたり、上記のような出題の意図や趣旨を踏まえ、日頃から主任教諭の視点で自らの取組を振り返り、見えてきた課題を解決していく意欲と実践の積み重ねが大切です。そのために、担当する分掌の課題を明確にし、具体的な課題解決の方策を用意しておくことが必要です。

（石川清一郎）

職務レポートの書き方

令和6年度に出題された問題を確認する

ここでは、令和6年度に出題された問題を確認し、職務レポートをどのように書いていけばよいのかを考えてみましょう。

【令和6年度主任教諭選考 職務レポート問題】
　主任教諭、主任養護教諭及び主任栄養教諭は、担当する校務分掌の職務について、同僚や教諭等に助言や支援を行います。
（1）同僚や教諭等に助言や支援を行うことについて、あなたがこれまで経験してきた分掌内の職務において、特に課題となることは何か、2点挙げて、その理由を述べなさい。
（2）（1）で述べた課題を解決するために、あなたは主任教諭、主任養護教諭又は主任栄養教諭としてどのように取り組むか、あなたの実践・経験に触れながら具体的に述べなさい。

問われていることに〈正対〉して書く

設問（1）（2）で問われていることに〈正対〉して書くことが、合格の必須条件です。特に、設問（1）でそのことができているかが合否の分かれ目となります。令和6年度の問題は過去3年とは異なり、［同僚や若手教員への助言・支援］を担う視点からの出題でした。

設問（1）で「同僚や教諭等に助言や支援を行うこと」についての課題を2点挙げて、その理由を述べるよう求めています。

ポイント1☞「何を」書くのかを正しく捉える

令和6年度の問題を例にして、明確に捉えてみましょう。

○設問（１）

・これまで経験してきた「あなたの分掌内の職務」

　▶あなたがこれまで担当してきた複数の分掌内の職務の中で、同僚や
　　教諭等に助言や支援を行うことについて、論述しやすい分掌内の職
　　務を選択することが大切です

・同僚や教諭等に助言や支援を行う上での「課題」２点

　▶あなたが担当する分掌内の職務遂行を通して、校長が示した学校経
　　営方針の〈何を〉具現化するのかを明確にした上で、課題を設定し
　　ましょう

・挙げた「課題」２点が〈なぜ〉課題なのかという「あなたの考え」

　▶〈なぜ〉課題なのかという自分の考えを述べることが、「理由」を述
　　べることになります。担当する分掌内の職務において〈何のために〉
　　同僚や教諭等に助言や支援を行わなければいけないのかを考え、明
　　確にしておくことが大切です

○設問（２）

・主任教諭、主任養護教諭、主任栄養教諭として「どのように取り組むか」

　▶主任教諭として〈このように取り組む〉という書き方をします

　▶（１）で挙げた課題２点に対応した書き方をします

　職務レポートは〈問われていること〉だけを書きます。問われているこ
とに関係のない記述がないか十分に注意し、首尾一貫した論述を展開しま
しょう。

ポイント２☞職務レポート〈メモ〉を作成する

　「担当する分掌内の職務」「課題２点」「課題と考えた理由」「解決のた
めの取組」の順にメモを作成してみましょう。

（メモ例：小学校教諭）

［担当する分掌内の職務］ICT委員会：情報教育推進担当

［同僚や教諭等に助言や支援を行うことについての課題（２点）］

○課題１：全教員が実践するICT活用の日常化

　　○課題２：ICTを活用した実践の共有

　［課題と考えた理由］

　　○課題１：ICT活用において教員間に格差があり、どの教員も自信
　　　　　　をもって効果的に活用できるようにする必要がある

　　○課題２：授業でICTの効果的な活用について学び合う機会がなく、
　　　　　　効果的な活用の実践について学ぶ環境が必要である

　［主任教諭として取り組む解決策］

　　○解決策１：各学年のICT活用年間指導計画に基づく実践の進行管
　　　　　　　理と調整、改善をICT委員会で行う

　　○解決策２：ICTを活用した授業公開を定期的に行うとともに、活
　　　　　　　用のポイントや指導事例を全教員に周知していく

（メモ作成上の留意点）

・課題は、担当分掌において「同僚や教諭等に助言や支援を行うことが
　できている状況（課題を解決したときに実現している具体的な状況）」
　と「現状」を明確にして設定することが大切です。

※担当職務の視点から、「何のために」同僚や教諭等に対して助言や支援
　を行うのかという「自分の考え」に基づいて論述しましょう。

　　▶「自分の考え」「現状」をメモに整理します

・設問（２）では、課題解決に向けた具体的で実現可能な取組になって
　いるかという視点で、十分に検討しましょう。

・〈メモ〉は箇条書きで簡潔に整理しましょう。

・〈メモ〉は「手書き」で作成しましょう。本番は「手書き」です。

■ポイント３☞読み手に読まれて職務レポートは完成する

　職務レポートは、読み手（採点官）に読まれて完成します。読み手が
読んだときに、あなたの「考え」が伝わる論述の展開や表記になってい
るかが大切です。また、設問で問われている要点がどこに記述されてい

るのか分かりやすいように、「小見出し」を付けた表記も一つの書き方です。

（書き方例）

（1）担当分掌における課題

　私は本年度、○○部に所属し○○を担当している。……（以下、・同僚や教諭等に対して助言や支援を行う視点での担当分掌の受け止め　・「何のために」助言や支援を行うのかという自分の考え等を記述する）……

　　▶175字（5行）程度で書きます。この部分を序論として（1）の前に出してもかまいません

【課題1】──小見出し──

【課題2】──小見出し──

　　▶小見出しは本文で何が書かれているか、課題を解決すると何が実現できるのかが端的に分かる表記にします

　　▶小見出しの語尾は用言止め・体言止めどちらかで揃えます

　　▶本文では課題だと考えた理由を記述します

（2）主任教諭としての取組

　私は主任教諭として、課題解決へ向けて以下のように取り組む。

【解決策1】──小見出し──

【解決策2】──小見出し──

　　▶小見出しは取組の内容が端的に分かる表記にします

　　▶自分の実践や経験を踏まえ、実現可能な解決策を記述します

（記述上の留意点）

・職務レポートには字数制限があります（1,225字以上1,505字以下）。
　設問（1）は700字程度、設問（2）は800字程度と、バランスよく書きあげられるように過去問題等で練習を重ねましょう。

・文字は丁寧に書きましょう。読み手が読み取れない文字や、誤字・脱字がないよう注意してください。大幅な減点の対象となります。

（石川清一郎）

採点官に響く
書き方のポイント

■ 組織的な取組を意識して書く

　学校を取り巻く様々な諸課題や子供たちの状況、そして「個別最適な学び」と「協働的な学び」の一体的な充実による「主体的・対話的で深い学び」を実現する授業などへの対応が求められています。教育の質を向上させていくには組織としての取組が不可欠であり、そのことをICT活用を含めて記述していくことがポイントです。ここでは、どんな論題にも対応できるように令和7年度予想問題①（42頁）を例に解説します。

■ 条件や課題に対応して書く

(1)　指定された字数の範囲内で書く

　「合計43行（1,505字）以内で述べなさい。ただし、35行（1,225字）を超えること」と規定されています。

(2)　決められた内容を満たす

　まず、「あなたの担当する職務において」とあるので、自分の担当する職務を明確にする必要があります。そして、仕事を進める上での課題を2点挙げ、なぜそれが課題なのか理由を述べます。

　「担当する職務」とは、例えば学年主任や教科主任など校務分掌上の役割のことです。主任ではない場合は、例えば教務担当や研究・研修担当、生活指導担当等、また学級担任でしたら学年・学級担当と記すとよいでしょう。専科の先生方は音楽教育担当、図工教育担当等となります。

　「学校運営の改善を図る上での課題」とは、学年主任であれば、校長の経営方針を受けて、その学年としてどう子供を育てていくかを共通理解し、学年として共通して取り組む際の課題です。例えば「打ち合わせたことを日常の教育活動に生かし、学年として共通の指導を行うこと」などです。

　「(上記を課題とする)理由」とは、例えば「毎週末に次週の予定や学

習指導などについて、そのねらいや方法等について打ち合わせを行っているが、確認が十分とは言えないことがあり、学年として同一歩調がとれるように共通の指導を行うことが必要と考える」などです。

次に、課題を解決するために、自分の実践・経験に触れながら具体的に述べます。今の立場ではなく、主任教諭、主任養護教諭、主任栄養教諭の立場でどう取り組むのかを述べなければなりません。

「課題を解決するため（の方策）」とは、例えば「週末に行っていた打ち合わせを週の半ばにも行い、そこで打ち合わせた取組の経過や結果を確認し、その後の教育活動を打ち合わせる」などです。

「あなたの実践・経験に触れながら」とは、例えば「私は初任時代、学年主任の先生が日常的に取り組むべき事項を確認してくれたことで、安心して指導に取り組むことができた。そこで、週の半ばに確認や相談のできる機会をもつことは有効だと考える」などです。

■ 見やすく分かりやすく書く

(1)　手書きレポートなので乱筆乱文にならないように

　一文字一文字丁寧に書きましょう。もちろん、誤字・脱字のないようにしましょう。文章は敬体（です・ます調）でも常体（である調）でも結構です。ただし、混在してはいけません。統一します。

(2)　三段構成を意識して書く

　内容の構成は、例えば「①自分の担当職務や課題とその理由」「②解決策1・解決策2」「③まとめ」などです。

■ 具体策は前向きで実現可能なものを書く

　否定的な文章は避けます。また、理想論や抽象論ではなく、実際にできる具体的な取組を記します。働き方改革が求められています。時間的なことも考慮に入れましょう。

　具体例は、44頁以降に掲載している解答例を参照してください。

（松浦正和）

職務レポート添削例
＊令和６年度実施問題

生活指導担当

❶ベテラン教員であっても生活指導が苦手な人は存在するため、若手教員に限定することはありません。また、組織的な対応について書かれているので、その中で、主任教諭としてどのような実効性のある取組を行うのかを述べるとよりよくなります。

❷共通指導のためには、教員同士のコミュニケーションは欠かせません。しかし、職場環境の整備について、（解決策１）では示されていませんので、ここではない方がよいでしょう。

❸（課題１）と対応していないので、「共通理解と共通指導を行うためにどのような体制をつくるか」という書き方をすることで、論旨に一貫性をもたせましょう。

❹取組を具体的に提示することは重要ですが、それを実施するには困難が伴います。どう進めていくのか、どう困難を解決するのかにも具体的に触れていくことが必要です。

（１）課題

　生活指導を行うには、児童への指導経験が重要であるため、経験年数の少ない教員は困難な事例に直面することも多い。❶そのような若手教員に対しては、学年や生活指導部などの組織で対応することが求められる。全ての教員が生活指導の指導力を身に付けていくこととともに、生活指導を確実に遂行していく体制づくりが必要である。

（課題１）全教員による共通理解と共通指導

　生活指導は学校として全体的に一つの方向性で指導していく必要があるが、学級内での指導については、個々の教員の主体性や力量に任せる場面も多く、教員による違いを指摘されることもある。❷全教職員に学校の方針を理解させ共通指導を行うためには、教員同士が共感的な対話ができる環境が必要である。また、的確な指導を行うための相談や助言ができる体制を学年と生活指導部の組織につくり、機能させていく必要がある。

（課題２）若手教員の生活指導力向上への取組

　現任校の教員の約半数は基礎形成期に当たる若手教員であり、場当たり的な対応をしてしまうなど、生活指導の力量に不安がある。児童や保護者の信頼を損ねることも想定されることから、日頃から計画的・組織的に指導力向上の取組を進めていくことが求められる。

（２）課題解決に向けた取組

（解決策１）❸生活指導での対応力向上のための体制づくり

　教員にとっては個々に課題が違うため、実態を分析し、どのような内容に重点を置くかを考えていく。それをもとに担当職務との関係を明確にしながら、研修体制を構築していく必要がある。❹研修内容を誰が見ても分かる形で明示し、年間の指導計画に加え、個別の研修計画も作成し

ていく。個々の指導事例の振り返りへの助言や具体的支援を行っていくなかで、指導力の向上を目指していける組織にしていく。

　生活指導は児童との具体的な関わりや指導場面をもとに行われることから、❺OJTを中心とした体制が効果的である。保護者対応が生じた場合、即応しなければならない場合を除いて、指導内容の相談ができる体制を構築しておく。生活指導は学習指導と違い、経験を重ねながら一人一人の教員の成長を図ることが重要である。この考えに基づいて、教員を育てる効果的な体制づくりに生かしていく。

（解決策2）生活指導力を身に付けるための取組

　生活指導は個々の児童の実態に応じた柔軟な対応が求められる。❻大学の養成課程では、学習指導は各教科の教育方法等で学ぶ機会があるが、生活指導は実際の指導場面を掘り下げてどのような対応ができるかまではなかなか踏み込んでいなかった。養成課程で生活指導の実際を学んでいない若手教員は、児童への指導で戸惑ったり、児童等からの信頼を失ったりすることへの懸念がある。

　そのため私は、生活指導担当の主任教諭として、指導における不安や課題となる場面などを若手教員同士で共有できる機会を定期的に設定する。その場では、主幹教諭等の指導的な立場の教員に同席してもらい、若手教員が今後の指導に生かしていけるような助言や指導をしていただく。❼このような取組の蓄積により、児童を理解し、寄り添った対応のできる力が若手教員に身に付き、信頼される教員として成長していくことにつながっていく。

❺OJTでの体制は、構築できてもなかなか実効性のある内容で推進することができません。実効性あるものにするための配慮や対策にも触れていくと、より具体性のある内容となってきます。

❻若手教員の現状について自説を述べていますが、冗長です。簡潔にまとめて、他の視点からの解決策を述べるとよりよくなるでしょう。

❼どのような場を設定し、どのような助言・支援をするのか、その体制について具体的に述べるとよいでしょう。それにより、序論との整合性が取れます。

総評

　今、課題になっていることについて、どうしてそのような状況になっているのかを分析的に考えていく必要があります。学校の独自性によるものなのか、一般的なのかも考えておくことが重要です。それを明確にすることで、改善策の説得力が高まり、より具体的な内容とすることができます。　　　（山田修司）

職務レポート添削例
＊令和3年度実施問題

教務担当

現行の学習指導要領では、社会に開かれた教育課程を編成し、これからの社会で求められる三つの資質・能力を確実に育成することを求めている。本校では「主体的・対話的で深い学び」を実現するという考えに立って日々の授業を改善し、子供の資質・能力を育成することを校長が学校経営方針で強調しているが、いまだ十分ではない。そこで研究・研修部だけでなく、あらゆる場や組織で検討していくことが指示されている。❶私が所属する教務部では、「主体的・対話的で深い学び」を実現するという視点で、改めて指導計画を全面的に見直すことになった。教務主任からは、教務部の一員としてその推進とまとめをするよう指示された。

（1）指導計画を見直していくための課題

①授業改善の意味や意義、その重要性が浸透していない

指導計画の見直しは、一部の教職員が行うのでは意味がない。学習指導要領で求められている授業へと改善するために、全教職員で取り組んでいくことが重要である。しかし、❷若い教員が多い本校においては、授業改善の意味や意義、その重要性は十分に浸透しているとは言い難い。そうした教員に、授業改善の意味や意義を理解させていくことが課題である。

②指導計画を変える必要はないという考え方がある

学習指導要領が示す三つの資質・能力を育成するために、「主体的・対話的で深い学び」の考え方に立った授業改善を図ることが、指導計画の見直しを行う前提にある。そのことを全教職員で共通理解する必要があるが、❸それを理解しようとせず、これまでの一方的な授業から脱却しようとしない教員がいることが大きな課題である。

（2）指導計画の見直しのための取組

①指導計画見直しの意味や意義を、❹理解させる

❶大切な内容ではありますが、学習指導要領が完全実施されてから数年が経過するなか、全面的な指導計画の見直しが必要とあっては、これまで改善に取り組まなかったのかと思われてしまうため、これまでの経過も加える必要があります。

❷この背景には、管理職や主幹教諭のこれまでの取組があります。状況を十分吟味して分析した記述にすることで、さらによくなるでしょう。

❸実態として、これまでの授業観から転換できない教員がいることは分かります。しかし、そのような授業を続ける理由についての記述がありません。旧態依然とした授業を続ける理由を明らかにすることで、具体的対応策が説得力を増します。

❹小見出しの語尾は揃えましょう。

34

指導計画の見直しに意味や意義を理解しない教員には、「主体的・対話的で深い学び」に関する情報を提供する必要がある。私は、指導計画の見直しに関する基本的な考え方を整理し、❺「主体的・対話的で深い学びの実現」という印刷物にまとめ、全教職員に配布して指導計画見直しの重要性について共通理解を図る。また、若手教員が自主的に集まって行う「若手教員研修会」では、❻説明する機会を作っていただく。それでもよく分からないという教員に対しては、個別に話し、指導することを通して指導計画のもつ意味や意義の理解を浸透させていく。

②学習指導要領の趣旨に基づく授業観の❹変容

授業に対する考え方が固定化している教員には、授業観を変えてもらうことが不可欠である。①で示した「主体的・対話的で深い学びの実現」でも、❼新しい考え方に立った授業改善と評価について伝えるつもりだが、長い経験に基づいた授業を行うベテラン教員の中には理解を示さない教員もいるはずである。そこで、学習指導要領の考え方に基づく授業の先進的な事例を全教職員に配布する。また、❽教務主任を講師として、授業だけでなく広い視点から学習指導要領の趣旨に関する研修会を開催する。さらに、外部の講師を招聘して授業改善に関する研修会の開催を教務主任に提言する。

「学習指導要領の具現化は授業改善から」という信念のもと、管理職や教務主任の指導を受け、指導計画の見直しを通して授業改善に全力で取り組む。

❺印刷物にまとめて配布し、重要性の共通理解を図ることは大切です。加えて、配布した後に行っていると思われる、理解してもらうための努力を具体的方策として述べると説得力が増してきます。

❻語尾は「作っていただく」ではなく、「作る」として、他人に頼った表現でない方がよいでしょう。

❼新しい考え方を伝えるだけではなかなか理解してもらえません。資料の配布後、主任教諭としてどのような取組を行うのか、具体的に述べると説得力が高まります。

❽学校組織全体でどのように取り組むかという視点で述べた内容になっています。その中で、主任教諭としてどう取り組むかを具体的に述べるとよいでしょう。

総評

レポートを読んで評価する採点官は学校教育を熟知し、課題解決には地味な努力が必要なことを日々感じています。取組だけを記述しても、課題をどう解決しようとしているのかが分からないと、具体的イメージがわきません。どのように進めていくのか、配慮点も含め、述べる必要があります。　　　（山田修司）

35

主任教諭選考に向けた勉強法

■ 日々の仕事の中で主任教諭としての見方・考え方を培う

　主任教諭等を目指すということは、今の職層の一つ上の立場で学校運営を担うということです。それは、単に校務分掌を遂行するということでなく、円滑な学校運営を進める中心的な役割を担う一員になるということです。その点を心にとめながら、常に課題意識をもって日常の分掌業務にあたり、その解決を図る実践や体験を積み上げて自分のものとしていくことが大切となります。具体的には次のとおりです。

　①学校全体を見る視点で自校の実態をつかみ、課題を明確にしておく
　その際に意識することは、校長の「学校経営方針」です。この経営方針の具現化に向けて自らの分掌における現場と課題を考えることは、学校全体を俯瞰して見る目を培うことにつながります。

　②迅速な対応が必要なものは、主任教諭や主幹教諭に報告・連絡・相談することを常に心がける　その際、自分なりの解決策も考えておくと主任教諭の立場で考える力が高まります。

　③自分が担当している分掌の会議や部会において、積極的に提案し、自ら実践していく　その際、職層にかかわらず様々な立場の教員の話を聞きながら、組織的に取り組める方策を考えることができると、主幹教諭の補佐や人材育成の力量を高めることにつながります。

　④担っている分掌業務の課題解決の実践をまとめておく　自分の実践はもとより、組織で取り組んで効果のあった実践は、記録しておきます。これが、主任教諭選考の際に重要となる「あなたの実践・経験に触れながら具体的に述べなさい」の基になっていきます。

　このように、忙しい日常においても、主任教諭の役割を意識しながら仕事にあたることで、学校運営を中心的に担う力量が培われていくはずです。

過去の実施問題と解答例から学ぶ

　主任教諭選考で最も重要となるのが、職務レポートの完成度です。日々の分掌業務で様々なことに取り組み、成果をあげていても、それが「読み手」に伝わらなければ意味がありません。自分の実践や考えを的確に伝え、読み手が「なるほど」「よい取組をしてきている」と受け止められる文章の作成技術を高めておきましょう。

　①主任教諭の役割について再確認する　受験する東京都教育委員会の「主任教諭選考実施要綱」はもとより、令和5年2月に改定された「東京都公立学校の校長・副校長及び教員としての資質の向上に関する指標」を再確認し、主任教諭の役割についての理解を深めておきます。

　②職務レポートの書き方を理解する　本書を活用し、職務レポートの捉え方や出題傾向、書き方をしっかりと理解してください。また、過去の実施問題と解答例から、約1,500字のレポートの書き方を学ぶことも有効です。様々な人のレポートを読むことで、気付くことがたくさんあるはずです。自分と同じ分掌を担う人のレポートはもとより、異なる分掌を担う人のレポートを読み込み、「なるほど」と参考になることを見つけておきましょう。そして、自分自身が納得できるレポートを探し出し、その構成や具体例の示し方を学ぶようにします。

　③90分で1,500字のレポートを繰り返し書いて慣れる　実際の選考では、時間内に書き上げることが必須となります。これには慣れることも必要です。自己申告の最終申告書の作成に合わせて、自分の実践を振り返り、その成果をまとめるつもりでレポートを書いてみるとよいでしょう。

　④実際に書いたレポートを複数の人に読んでもらう　内容や書き方について率直な意見をもらうことで、「読んで納得してもらえる」レポートになっていきます。できるだけ、複数の方（校長・副校長・主幹教諭・主任教諭）に読んでもらいましょう。

　このように、日々の仕事の中で「主任教諭の職務」を考えながら、自らのレポート作成技術を磨いていってください。　　　　　　　（宮澤晴彦）

これまでの選考を振り返る

▎問題のリード文を的確に読み取る

　主任教諭選考を受験する皆さんには、例年、東京都教育委員会から「令和○年度主任教諭選考での職務レポートについて」という資料が配布されています。資料には【主任教諭等の役割】が次のように示されています。

　主任教諭、主任養護教諭及び主任栄養教諭は、特に高度の知識又は経験を必要とする教諭、養護教諭又は栄養教諭の職として、以下のような役割を担う。
　・校務分掌などにおける学校運営上の重要な役割
　・指導・監督層である主幹教諭の補佐
　・同僚や若手教員への助言・支援など

　また、「東京都公立学校の校長・副校長及び教員としての資質の向上に関する指標」(令和5年2月)には、主任教諭に【求められる役割や能力】が次のように示されています。

○主幹教諭を補佐しながら、校務分掌などにおける**学校運営上の重要な職務を遂行する。**
○教育指導の専門性を活用し、校務を処理するとともに同僚や教諭等に対して**助言や支援を行うことができる。**
　　　　　　　　　　　　　　　　　　　　　※太字は筆者

　令和2年度までのリード文には、受験者への配布資料にある【主任教諭の役割】が示されていましたが、令和3年度以降は【主任教諭の役割】を理解していることを前提としたものへ変更となりました。
　配布資料や指標に示された主任教諭の役割・職務を踏まえた上で、担

当する分掌の職務を主任教諭として確かに遂行できるのか、遂行する能力があるのかを問う、より厳しい出題になっています。

したがって、合格する職務レポートを作成するには、問題のリード文を的確に読み取り、正対し、設問（1）（2）を論述することが前提となります。問題に正対していないレポートは評価されません。

特に、設問（1）には「このことについて」「○○を行うことについて」「あなたが担当する分掌内の職務において」などとあります。「何に」ついて論述するのかはリード文に必ず示されており、例えば令和6年度は「同僚や教諭等に助言や支援を行うこと」です。

今後の主任教諭選考に備えるために

主任教諭には、学校運営におけるミドルリーダーの役割を確実に果たしていくことが求められています。そのため、主任教諭選考対策を進めるなかで、職務レポートに取り組むだけではなく、日頃から担当する職務の遂行を通じて主任教諭としての土台作りをしていくことも大切です。

次のことを意識して取り組み、主任教諭としての資質・能力を培っていきましょう。

◎担当する校務分掌で具体的に【何を】【どうしていくことなのか】を明確にして職務を遂行する

▶校長の示した学校経営方針や学校経営計画のどの部分を具現化していくのかを常に意識する

◎【課題意識】をもって担当職務に取り組む

▶主任教諭の視点で担当職務の遂行を通して見えてきた課題解決の取組を実践する

◎担当職務のマネジメント〔P→D→C→A〕を自ら実践し積み重ねる

▶主任教諭の視点で担当職務の遂行を振り返り改善につなげる

今後の主任教諭選考の展望

直近の過去5年間（令和2～6年度）の設問（1）で問われたテーマ

39

を振り返ってみましょう。

●令和２年度：教諭等に対して助言や支援を行うこと

●令和３年度：特に学校運営の改善を図ること

●令和４年度：特に全体の進行管理を行うこと

●令和５年度：主幹教諭を補佐しながら、校務分掌における学校運営
　　　　　　　上の重要な職務を遂行すること

●令和６年度：同僚や教諭等に助言や支援を行うこと

　主任教諭に求められる職務・役割の一つである「校務分掌などにおける学校運営上の重要な役割」からの出題が３年間（令和３・４・５年度）続きました。令和３・４年度は「学校運営上の重要な役割」を果たしていく上での具体的取組（学校運営改善・進行管理）の課題、令和５年度は主任教諭としての役割（主幹教諭を補佐し学校運営上の重要職務遂行）を果たしていく上での課題を問うています。

　もう一つの主任教諭の職務・役割「同僚や若手教員への助言・支援」からの出題は、令和２・６年度で見られました。平成28年度にも出題されています。

　このように出題傾向を振り返ってみると、３年おきに「同僚や若手教員への助言・支援」から出題され、他の年度では「校務分掌などにおける学校運営上の重要な役割」から出題されています。受験生の皆さんは、こうした出題傾向を踏まえながら選考に備えることが大切です。

　この傾向からすると、令和７年度以降の問題では「校務分掌などにおける学校運営上の重要な役割」から、学校運営の推進役としての適格性を問う出題が予想されます。

　その一方で「同僚や若手教員への助言・支援」や「指導・監督層である主幹教諭の補佐」についても意識しておくことが大切です。日頃から主任教諭になったつもりで担当職務を振り返り、自分の考えを整理して取り組みましょう。
　　　　　　　　　　　　　　　　　　　　　　　　　（石川清一郎）

Part

2

職務レポート
解答例・解説

令和7年度予想問題2問・実施問題4問（令和3～6年度実施分）の解答例・解説を収録しました。ご自身の担当職務に応じた解答例を参考にして、職務レポートの作成にチャレンジしてみましょう。

※解答例は小学校をベースにしたものです。中学校・高等学校・特別支援学校の方は【中学校・高等学校・特別支援学校受験者へのアドバイス及び対応】をご活用ください。

※本書未掲載の解答例をダウンロードいただけます。ダウンロードの方法は174頁をご覧ください。

令和7年度
予想問題①

次の問題について、合計43行（1,505字）以内で述べなさい。ただし、35行（1,225字）を超えること。

主任教諭、主任養護教諭及び主任栄養教諭には、主任教諭としての役割を自覚し、学校運営においてより積極的な課題解決を図ることが求められています。

（1）このことについて、あなたの担当する職務において、**特に学校運営の改善を図る上で課題となることは何か**、2点挙げて、その理由を述べなさい。

（2）（1）で述べた課題を解決するために、あなたは主任教諭、主任養護教諭又は主任栄養教諭として**どのように取り組むか**、あなたの実践・経験に触れながら具体的に述べなさい。

※太字は編者

▶出題の背景

　現行の学習指導要領の下での教育課程実施から間もなく、コロナ禍での学校運営を強いられた各学校では、児童・生徒の安全・安心と学習活動の充実をどう両立するのかという課題に直面しながら、これまで「当たり前」とされてきたことを見つめ直し、工夫・改善してきました。

　そして、現在でも、児童・生徒の不登校やいじめ問題の深刻化、「個別最適な学び」と「協働的な学び」の一体的な充実、また、全国的な教員採用選考の倍率低下や教員不足など、多様かつ深刻な課題は後を絶ちません。

　しかし、今回主任選考を受験される皆さんは、コロナ禍という困難な中で、様々な工夫や努力を推進してこられた方々であり、これからは、主任教諭、主任養護教諭、主任栄養教諭として学校運営の中心となってご活躍いただくことが期待されています。

　今回「予想問題」として設定した「学校運営」は、児童・生徒、教職員、保護者・地域等どのような課題からも対応できるものです。ご自身のこれまでの取組を振り返った上で、現任校の課題や今後の学校教育の方向性を自分なりに見通しながら、意欲的で具体的なレポート作りに挑戦してください。

▶出題のねらい

　設問（1）では、ご自身が担当する職務における学校運営上の課題とその理由を2点設定します。これまでの経験やこれからの学校に求められることと、学校長の学校経営方針を照らし合わせながら考えるとよいでしょう。

　設問（2）では、（1）で設定した2つの課題の解決に向け、どのように取り組むのかをそれぞれ記述します。ここでは、「具体性」と「実現性」に留意しながら説得力のある記述が求められます。　　　　　　　　　　（宮崎倉太郎）

≫ 令和7年度予想問題① 解答例

教務担当

　私は教務部で主に学習評価の分野を担当し、主な業務は学習評価の進行管理と改善である。本区では、現行の学習指導要領の実施に合わせて校務支援システムが導入され、教員の通知表や指導要録作成のための時間縮減に成果があった一方で、システム導入以降、通知表の書式は大きく変わらず、学習評価について校内で議論することも少なかった。校長が学校経営方針の柱に「個別最適な学びと協働的な学びの一体的な充実」を踏まえた授業改善を掲げ、それらに関する「評価」が話題となるなかで、教員間の学習評価に関する意識の違いも見えてきた。

　そこで、私は、主任教諭として以下の2点を課題としながら本校における学習評価の改善を企画することとした。

課題1　学習評価に関する考え方を教員・児童・保護者で共有すること

　学習評価は、児童の学習の成果を的確に捉え、教員が指導の改善を図るとともに、児童自身が自らの学びを振り返り次の学びに向かうことに資するものである。しかし、若手教員の一部には、学習評価は通知表や指導要録の評定のことと誤解している者もいる。全教員が学習評価の目的と方法を共有し、児童や保護者に向けて責務を果たすとともに指導改善に生かすことが重要である。

課題2　学習評価を授業改善に生かすPDCAサイクルの確立

　本校では、保護者への説明責任を果たす観点から信頼性の高い評価・評定の確立を図ってきた一方で、PDCAサイクルとして教育水準を高めるという観点での取組が十分ではなかった。学習評価に基づいて学習指導の在り方を見直すこと、個に応じた指導の充実を図ること、教育活動を組織として改善することに生かすサイクルを確立することが必要である。

解決策1　教員の学習評価の考えの共有と保護者への説明

　まずは、管理職や研究主任に相談しながら、校内研究の視点として「児童の自己調整力の伸長」を設定し、教員が日々の学習において各時間に振り返りの機会を設けることを徹底するとともに、児童が自分の学びのよさや課題を確認しながら学びを自己調整していく習慣の定着を呼びかける。

　また、教務主任等からの助言・支援を踏まえ、各学年の年度当初の保護者会において、本校の学習評価の考え方を説明する時間を設ける。日々の学習状況を家庭で把握するための方法、通知表の趣旨や目標に準拠した評価など、学校と家庭が共有したい内容や方法等について資料を基に具体的に説明を行う。

解決策2　授業改善の明確化と検証のサイクルの見える化

　本校では、「授業改善推進プラン」を毎年策定し公表している。しかし、これまでは、策定したプランに基づいた授業改善の成果や課題についての十分な検討やさらなる改善は十分でなかった。その原因は、プランが総花的で、具体的な取組が焦点化されていなかったことにある。

　私は、「授業改善推進プラン」の作成では、各教科等あたり一つの課題と方策に絞り、2学期以降の取組を明確化するよう提案する。さらに、その取組を実施した成果と課題を2学期末に学年や教科ごとにまとめて共有し、年度末を待たず3学期からさらに取り組むことができるようにすることで、学習評価の考え方を授業改善に生かすサイクルの見える化を図る。

　私は、上記のような取組を通して、校長の学校経営方針の下、主任教諭としての役割を踏まえて、よりよい学校運営に貢献していく。

【中学校・高等学校・特別支援学校受験者へのアドバイス及び対応】

　本解答例は、小学校の事例をもとに作成してあります。中学校・高等学校では、教科担任制が定着しているため、学習評価の信頼性については、年度当初に保護者に対して評価方法や評価規準等について丁寧に説明を行っている学校が多いと思います。しかし、教科によっては担当する教員が一人であったり、講師が受けもっていたりと評価について十分な検討がなされていないケースも散見します。まずは、現状の学習評価の状況について、学校全体として再確認することから始めてみませんか。

　また、学習評価を授業改善に生かすサイクルについては、解答例の考え方を参考にしながら有効な方法を考えてみましょう。

💡 解説

　学習評価については、評価・評定への保護者の関心が高いため、その信頼性や客観性について注目しがちです。

　しかし、学習評価は、教師が指導の改善を図るとともに、児童・生徒自身が自らの学習を振り返って次の学習に向かうことができるようにする上でも重要な機能です。国立教育政策研究所が発行した資料「学習評価の在り方ハンドブック」も参考にしてください。　　　（宮崎倉太郎）

» 令和 **7** 年度予想問題① 解答例

生活指導担当

　私は今年度、生活指導部の副主任として生活指導主任を補佐し、部全体の進行管理を担っている。本校では、複数の学年・学級で児童が立ち歩いたり粗暴な言動が横行したりした10年ほど前に、学校生活上の「スタンダード」を作成し学校全体で徹底することで成果を上げた。しかし、最近、全国的な傾向を上回る不登校児童数増加に加え、養護教諭やスクールカウンセラーから、「先生が厳しい」「ルールを押し付けられている」と訴える児童の声が伝わってくるようになった。校長からも、令和4年12月改訂の「生徒指導提要」の考え方を踏まえて、本校の生活指導を見直すよう指示があった。

　そこで、私は主任教諭として以下のとおり生活指導の改善に取り組む。

課題1　本校の生活指導の現状と課題についての教員間での共有

　生徒指導は、児童の個性発見とよさや可能性の伸長、社会的資質・能力の発達を支えると同時に、自己の幸福追求と社会に受け入れられる自己実現を支えることを目的としている。コロナ禍が収束して教育活動が活発になるにつれ、教員間でも「『スタンダード』が、活動の制約になっている」という声が出てきた。学校としての生活指導の方針を見つめ直すことが必要である。

課題2　発達支持的な生活指導の推進

　改訂「生徒指導提要」で示された発達支持的な生徒指導は全ての児童に行うもので、生徒指導の基盤として位置づけられている。本校の状況を踏まえ、発達指示的な生活指導の大切さを理解し、実践を進めることが喫緊の課題である。

解決策1　現状の生活指導の課題の共有

　教務・生活指導主任等の助言・支援を踏まえ、生活指導全体会をスクールカウンセラーやスクールソーシャルワーカーも入れて開催する。その中で、児童の声を真摯に受け止め、これまでの「スタンダード」が、現在の児童や教育活動に合っているのかどうかを再検討する。そこで出た課題や改善案は、児童や保護者に十分に説明した上で、できることから実践し、その結果を共有する。教員の中には「ルールを緩めれば、今までの努力が無駄になる」との考えをもつ者もいるが、学校と家庭が連携して改善を進めることは大きな一歩と考える。

解決策2　具体的な生活指導の実践とリフレクションの連関

　生活指導主任に進言し、部内で分担して改訂「生徒指導提要」のポイントをまとめ、それを教材としてミニ研修を実施する。特に、本校の生活指導の課題を踏まえ、発達支持的な生活指導の考え方と実際について、全教員が取り入れ

られるよう、日々の教職員の児童への挨拶、声かけ、励まし、賞賛、対話及び授業や行事等を通した個と集団への働きかけが大切であることを、具体的な場面を示しながら全ての教育活動で実践できるよう働きかける。

　また、若手教員中心のＯＪＴの機会等を通じ発達支持的な生活指導の考えに基づく実践を促し、その取組や児童の変容についてリフレクションを行うとともに、その概要を職員打ち合わせ等の機会に若手教員自身から報告させることで、若手教員の生活指導への自信や教員全体のモチベーションの向上に資する。

　生活指導は、学校生活の全てに関わるとともに、その学校の空気を形作るものである。「きちんとしているけれど、少し苦しい」という児童の声に教員が耳を傾け考え方や指導を改善することは、学校全体の教育力の向上につながると考える。そのために、私は組織の一員としての責務を果たしていく。

【中学校・高等学校・特別支援学校受験者へのアドバイス及び対応】
　本解答例は、小学校の事例をもとに作成してあります。中学校・高等学校においても、校則を生徒が主体的に考えることなどに関心が高まっていますが、そうしたことを考える上でも、改訂「生徒指導提要」の趣旨を生かした生活指導、特に発達支持的な生活指導の理解と実践を進めることは大切なことです。
　東京都教育委員会のホームページにも「教職員向けデジタルリーフレット『生徒指導提要（令和４年12月）』のポイント」（QRコード参照）として、要点をまとめた資料の記載がありますので、参考にしてください。
　特別支援学校においても、児童・生徒の障害種別や程度、児童・生徒のよさを踏まえるとともに、「児童の権利に関する条約」や「こども基本法」などに基づいた児童・生徒の基本的な人権に配慮した、一人一人を大切にした生活指導の在り方を考えてみましょう。

💡 解説

　発達支持的生徒指導は、いじめや不登校といった特定の課題を意識するのではなく、全ての児童・生徒を対象に、学校教育目標の実現に向かって全ての教育活動を通して進める生活指導の基盤です。「発達支持的」というのは、児童・生徒への教師の基本的な立ち位置を示しています。つまり、児童・生徒自身が自発的・主体的に自らを発達させていくのであって、そのプロセスを学校としていかに支えていくかという視点に立っています。

　教師は、児童・生徒が個性を発見したり、よさや可能性を伸ばし、社会的な資質・能力を発達させたりすることができるよう支えるという観点で働きかけます。

(宮崎倉太郎)

❯❯ 令和7年度予想問題① 解答例

研究・研修担当

　本校では、校長の学校経営方針に基づき、校内研究に「主体的・対話的で深い学びの実現」を主題として取り組んで2年目となる。私は昨年度から研究部副主任として、年間3回講師を迎えて行う研究授業の進行管理などを行っている。研究授業では、児童の興味・関心を生かした授業やICTを活用した協働的な学びの授業など、授業者を中心に教員からの手応えの声も聞かれた。そして今年度、校長からは、全教員が自分事と感じられる校内研究にすることの指示があった。これを受け、私は、主任教諭として校内研究において以下の2点を課題として取り組む。

課題1　教員が学習指導の改善を日常的に意識する仕組みづくり

　教員の本分は授業である。しかし、校内研究の授業を担当した教員は、授業改善への手応えを感じたり、その後東京教師道場の部員を希望したりするなど授業改善の熱意を高めているが、研究授業未実施の学年や経験年数の多い教員を中心に、ICT活用に否定的な声や教師の「教え込み」と見える授業も依然として見られる。全教員の意識や実践が変容することを目指して、校内研究の企画・運営を工夫する必要がある。

課題2　「閉じた」校内研究をオープンにするきっかけづくり

　校内研究の授業は、事前の検討や様々な準備に負担感がある一方、当日の授業と協議会が終わると、「お疲れさまでした」で終わってしまいがちである。せっかくの授業改善の取組を校内だけに閉じるのではなくオープンにすることで、学校の取組の周知や教員のやりがいにつなげることが大切である。

解決策1　全教員が研究授業を行うことによる授業改善の日常化

　私は研究主任に提言し、校内研究で全教員が研究授業を行うよう年度末に確認する。そして、全教員参加で講師を招いて行うものを6回、残りの全教員の研究授業は学年ごとに実施し、各学年から一人は参観できるような日程を教務主任と調整して計画する。前任校の経験から、全員が「当事者」となることで、授業者も参観者も逆に気持ちが楽になり、他の教員と本音で授業について語れるようになることを実感している。このことにより、研究と日々の授業実践の連携が図られると考える。

解決策2　「社会に開かれた教育課程」の実現

　昨年度、学校運営協議会の1回を校内研究の授業日に当て、参観・協議に加わっていただいたところ、委員から「児童が身を乗り出す姿や先生方が一つの授業

について熱く語っている姿に触れ感動した」など予想以上の評価を得るとともに、それを聞いた教員のモチベーションも高まった。そこで次年度は、管理職の了解を得た上で、全ての研究授業で保護者や学校運営協議会委員に案内を出して参観及び協議をしていただくようにする。さらに、2学期に予定している授業について夏季休業日中に検討の場を設けるが、ここにも保護者・地域の方に案内を出し、学校として授業改善に取り組む姿勢を周知するとともに、教員ではない立場からの感想や提案も受け止めていくことで、「社会に開かれた教育課程」の実現を図る。

　繰り返しになるが、教員の本分は授業である。全教員が熱意をもって授業改善に取り組み、実践を通して保護者や地域にその価値が伝わっていくことで、学校への信頼感も高まっていくよう、主任教諭としての役割を果たしていく。

【中学校・高等学校・特別支援学校受験者へのアドバイス及び対応】
　本解答例は、小学校の事例をもとに作成してあります。中学校・高等学校では教科担任制であり、学校全体で一つの授業について侃々諤々の議論を行うことが難しい実態もあるようです。しかし、「カリキュラム・マネジメント」の考え方や「社会に開かれた教育課程」など、これまで以上に学校の教育活動について教科の壁を越えて考えたり学校外の多様な資源と協働して進めたりしていくことが求められていることを踏まえると、研究・研修担当者の役割は大きくなります。

💡 解説

　校内研究は、教員にとって不可欠な研究と修養の場を校内の全教員で共有する貴重な機会です。そして、多くの学校で研究のテーマとなっている「主体的・対話的で深い学び」は、今の、そしてこれからの教員にとって重要な「授業改善の視点」です。

　研究・研修担当の主任教諭の皆さんに期待したいのは、今求められる授業のイメージを学校全体で共有するとともに、実際の授業にどう生かしていくかという方策について戦略をもって取り組むことです。

　以下に示す動画及び関係資料では、「主体的・対話的で深い学び」の意味やその実現に向けた貴重な示唆が得られるものですので、ぜひ参考にしてください。

(宮崎倉太郎)

「『主体的・対話的で深い学び』を見取り、実現する校内研修：校内研修シリーズ No.58」(令和元年5月21日　独立行政法人教職員支援機構)

≫ 令和7年度予想問題① 解答例

特別活動担当

　私は、昨年度から特別活動主任を担当している。校長は、学校経営方針の柱の一つに、児童主体の学校行事の実現を挙げ、その具体的方策として「体育的行事」である運動会の見直しを掲げた。今年度当初の自己申告面接でも、今年度予定されている運動会について児童の主体的な取組の重視や、その計画・実施を通して教職員に児童主体の学校づくりの考え方の浸透を図ることへの指示があった。私は主任教諭として課題を以下の2点と考え取り組む。

課題1　教員間における学校行事の意義の共有

　本校は、若手教員が全教員の3分の2を占めており、熱意ある姿は学校行事に向けた取組にも活気を与えている。しかし、学校行事の意味や他教科等との連携に関する意識は薄い現状がある。全教職員が、改めて学校行事の意義や在り方について理解し実践する必要がある。

課題2　前例踏襲を乗り越え、新しい取組に挑戦する風土づくり

　コロナ禍以降、感染防止のために中止や縮小となった教育活動は少なくない。コロナ禍収束を受けて、それらの活動を復活させてほしいという保護者・地域の声は多いが、学校の教育目標や校長の学校経営方針に照らして「元に戻す」のではなく、新しい学校行事に挑戦していくことが大切である。

解決策1　従来の学校行事の課題の教員間での共有

　私は、特別活動主任として、年度末に学校行事の目的やポイントについて私がまとめたものを示しながら全教員で研修を行い、学校行事に関する基本的な要件について確認する。

　また、教務主任等と相談して職員会議の時間を使って、全教員で昨年度までの運動会のよさと課題をPCで入力したものを、「テキストマイニング」を活用して見える化し、それを踏まえてブレーンストーミング的に「こんなことができるのはないか」というアイディアを出し合い共有する。このことにより、教師が多くを決めていた運動会から、学校行事で求められている自発的・自治的という視点を踏まえた運動会の実施に向かう土壌を作る。

解決策2　児童の主体性を最大限に生かした運動会の実施

　運動会担当主任と調整し、高学年の各学級から運動会実行委員を募り児童中心の運動会という趣旨を明確にした実施計画を策定する。実行委員会では、全校児童へのアンケートや各学級での話し合いなどを活用しながら、教員の指示どおりに動くのではなく、種目の決定や練習方法に至るまで児童が目標に向かっ

50

て主体的に活動する運動会を実現する。そこでの児童や教員・保護者等の意見も踏まえながら、年度後半に予定されている「文化的行事」としての学習発表会についても運動会の取組を生かして進めていく。

　私は、上記のような取組を通して、校長の学校経営方針の下、主任教諭としての役割を踏まえて、児童主体の学校づくりに参画していく。

【中学校・高等学校・特別支援学校受験者へのアドバイス及び対応】
　本解答例は、小学校の事例をもとに作成してあります。中学校・高等学校では、従来から体育祭や合唱コンクールなどの行事において生徒主体の活動を重視した取組がなされています。一方で、行事に向けた練習時間の確保や運営方法などに課題がないか、解答例に挙げた手法なども参考にして改めて見つめ直してみましょう。
　また特別支援学校においては、障害の種別や程度、児童・生徒の生活で見られる興味・関心の傾向などを踏まえて、新しい視点で行事を捉え直してみましょう。

解説

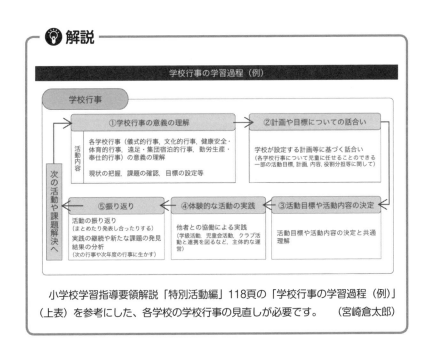

小学校学習指導要領解説「特別活動編」118頁の「学校行事の学習過程（例）」（上表）を参考にした、各学校の学校行事の見直しが必要です。　　（宮崎倉太郎）

❯❯ 令和**7**年度予想問題① 解答例

教科担当（小学校の教科担任制）

（1）課題

　本校では、校長の学校経営方針の柱の一つである「教員の専門性が発揮できる学校」を踏まえ、昨年度から第3学年生以上で一部教科担任制を取り入れている。私も昨年度から高学年社会科の教科担当主任を任され、3年生以上の教科担当4名のまとめ役として、社会科学習指導の充実や他の教科担当主任との連携に取り組んでいる。今年度は以下の課題を設定してその解決を図っていく。

①若手教員の担当教科に関する専門性の向上

　本校では、毎年のように1〜2名の新規採用教員が配置され、教科担任制のメリットを生かして教材研究に集中して取り組むことができている。しかし、経験不足等から、準備した教材や発問をこなすことにこだわり、児童の興味・関心を生かすことや、単元全体を見通した授業を展開することについては課題を感じる場面も見かける。改めて、社会科授業における専門性の向上に取り組むことが必要である。

②どの教科でも共通するICT活用等学習指導の質の向上

　社会科の主任として、他の教科の主任と打ち合わせを行う際に、ICT活用について話題になることが増えてきた。しかし、担当主任の考えによってICTの活用に差が見られる。児童が身に付ける情報活用能力は全ての学習活動に生かすことができるものであり、児童が主体的にICTを活用する意欲の伸長を図る上でも、ICTの活用を教科担任の授業においても積極的に進めることが求められている。

（2）解決に向けて

①「よい授業」を共有するとともに、互いに授業を開く

　社会科担当の教員は4名いるが、私も含め社会科を専門に研究してきた者はいない。昨年度、私は区の研究会で社会科に所属することで、他校の指導教諭などから、社会科授業の楽しさや難しさを学ぶことができた。今年度は、他の3名の社会科担当教員とともに、指導教諭や東京教師道場部員の授業を参観する機会をもつとともに、毎週1回短時間の情報交換と研修を計画する。実際に授業で使用した教材や児童のノート、板書の画像などを持ち寄り、実践的な研修を行うことで、互いの授業を開き学び合える関係をつくる。

②教科担任のICT活用の事例を蓄積し、学校全体で共有する

　本校では、社会科以外に理科・体育科を教科担任制としている。教科は異なっ

てもICTの活用については共有できる部分が多い。本校の授業改善の中心を担っている教務主任と調整し、校務ファイルに教科担当のフォルダを作ってもらうことができた。このフォルダは、ICTを活用した授業について小さなことでもその意図やポイント、児童の様子について簡単に記載できるシートにまとめて共有できるようにし、折に触れて全教員に報告する。昨年度、学年の他の教員から、「社会科で経験したアプリを、学級の国語や算数でも使いたいと話す児童がいる」との声をいただいた。児童は、学習で得た知識や技能を他の学習・生活場面でも使うことが自然であり、特定教科に集中できる教科担任から学校全体の授業改善に貢献していく。

　昨年度の学校評価では、教科担任制について児童・保護者・教員とも高い評価を得た。成果の実感を得たことをきっかけに、全教員が小学校教員としての専門性を磨いて実践する学校を目指して主任教諭としての務めを果たしていく。

【中学校・高等学校・特別支援学校受験者へのアドバイス及び対応】
　中学校・高等学校では、教科担任制が基本であり、各教科等の教員の専門性が大いに発揮されている反面、学校全体としての学習指導の考え方や、評価・評定の在り方、定期試験の問題作り、また、本事例で取り上げたICTの活用についてなどに課題があるとの声を聞きます。
　各学校の実態や課題について再点検することで、ご自身にとって明確な課題意識をもつことが大切です。

💡 解説

　小学校で、定数としての専科教員以外で教科担任制が導入されたのは、ここ数年のことですので、実施してみての手応えや課題があるでしょう。よく聞かれる小学校教科担任制のメリットは、①教材研究の重点化と効率化が図れる、②多くの教員が児童に関われる、③中学校への接続がスムースになる、などです。一方、デメリットとしては、①時間割作成が難しい、②教科等横断的な視点を見逃しがち、③若手教員が経験できない教科が増える、などが聞かれます。
　このことも参考にしながらご自身の学校の状況を踏まえて、前向きな取組を具体的に記述できるようにしましょう。

（宮崎倉太郎）

≫ 令和 **7** 年度予想問題① 解答例

情報教育（ICT）担当

　本校では、ICT担当者として「ICT環境整備担当」と「ICT活用担当」に分けている。私は、今年度から「活用担当」のチーフとして、校長からは、学校経営方針の重点である「個別最適な学びと協働的な学びの一体的な充実」を学習指導におけるICTの活用の観点から改善するよう指示された。学校教育の柱である学習指導の改善に向け、私は以下の2点を課題として取り組む。

1　課題

（1）ICT活用に関する教員の意欲の向上

　本校では、若手教員を中心に積極的にICTを活用する教員がいる一方で、ICTの活用に消極的な教員もおり、それが児童の情報活用能力の差につながっている。保護者から「ICT活用が先生によって違い過ぎる」との指摘もあった。ICTは、活用すればするほど課題も出てくるが、メリットも大きい。児童が自立してICTを活用して学ぶことができるよう、適切に取り入れることは教員としての責務である。

（2）ICTを「協働的な学び」に活用する指導力の向上

　本校のICT活用は、授業導入時の教材提示や児童が調べ学習に使用するなどの場面が多い。ICT活用の利点である、個々の児童の考えが瞬時に可視化され、それをもとに話し合いが充実するなど、「個」と「集団」が往還する「協働的な学び」の充実に向けた指導力の向上を促す必要がある。

2　主任教諭としての課題解決の取組

（1）日々の授業にICTを取り入れる仕組みと研修の実施

　まず、教務主任や管理職に提言し、1学期の授業観察時にはICTを使用することを年度当初に確認する。その上で、4月当初の段階で、若手教員を講師としICT活用の好事例を紹介する研修を行う。若手教員には、なるべく操作が簡単で児童の活動が活性化するような事例を短時間で提供するようあらかじめ依頼する。また、事例紹介後には自由な質疑や相談、実際の操作が可能なように工夫する。これにより、ICTが苦手な教員も、気軽に相談できる土壌ができると考える。なお、苦手意識のある教員に対しては、当該教員の努力や児童の小さな変容も見逃さず、称賛し励ますことを忘れずに伴走していく。

（2）校内研究と連携したICT活用の質の向上

　本校は「協働的な学び」をテーマとして校内研究に取り組んでいる。そこで、研究主任と相談の上、「協働的な学び」に資するICTの活用をサブテーマと

して設定するよう提言する。校内研究は全教員が関わっており、専科教員はもとより、委員会活動やクラブ活動でも活用が期待できる。また、年間最初の研究授業において、「テキストマイニング」や思考ツールを取り入れた協働的な学びの場面を設定した授業を私が担当するとともに、講師には、本区のＩＣＴ推進アドバイザーを招き、児童や教師の姿からＩＣＴ活用のメリットを価値付けていただく。こうした取組により、ＩＣＴ活用を日常化するとともに、活用のメリットやその質の向上に向かって全教員が進んでいくきっかけとしたい。

　これからの学校教育にはＡＩを含めた情報活用能力の育成は欠かせない。教員全体のＩＣＴ活用能力の向上を通して学校経営方針の実現を図るよう、主任教諭として尽力する。

【中学校・高等学校・特別支援学校受験者へのアドバイス及び対応】
　本解答例は、小学校の事例をもとに作成してあります。中学校・高等学校では、教科担任制であり、各教科の専門性を生かしたICTの活用がなされていると思います。一方で、小学校と同様にICT活用に苦手意識をもつ教員が担当する教科において極端にICTの活用頻度やその質が課題となることも考えられます。学校として、共通して取り組むべき生徒のICT活用能力の育成について確認してみてはどうでしょうか。
　特別支援学校においては、児童・生徒個々の実態に応じたICTの活用が求められます。

解説

　教育の情報化に関する資料は、日々更新されています。ここでは、東京都教育委員会のホームページから「ICT環境整備と利活用」（QRコード参照）を紹介します。都立学校も含めた実践事例通信「学びのアップデート」が数多く紹介されていますので、参考にしていただければと思います。
　また、本事例では、「学習指導」の観点から記述しましたが、校務の改善や生活指導の観点など、情報教育担当者には、多様な観点からのレポート作成が可能です。右記の資料には、「東京都学校教育情報化推進計画」も記載されていますのでご参照ください。　　　（宮崎倉太郎）

» 令和 7 年度予想問題① 解答例

学校図書館担当

　私は今年度、学校図書館担当を任された。本校は、校長の学校経営方針の柱である「知識が駆動する学校」の実現に向け、目指す学校図書館の姿として、「読書センターとして：本の魅力を感じる場」「学習・情報センターとして：児童の学びを支える豊かな情報の場」と設定している。この２つの機能を充実させることによって、児童の「個別最適な学び」と「協働的な学び」の一体的な向上を図ることが学校運営上重要であると考える。そこで私は、図書館担当の主任教諭として、以下の２点を課題として取り組む。

課題１　教員の学校図書館活用に関する意識の向上

　本区では、各学校の図書館に専任の図書館アシスタントを配置している。本校のアシスタントは、児童が楽しく本に触れることができるような環境づくりに熱心に取り組んでいる。しかし、若手も含めて教員の中には、「図書館は読書をする場」という狭い認識にとどまり、「図書館ではアシスタントにお任せ」という姿勢の者もいて、図書館を有効に活用しているとは言い難い。全教員が学校図書館活用についての認識を共有して指導に臨むことが喫緊の課題である。

課題２　児童の学びに直結した学校図書館の活用

　「個別最適な学び」が求められるなか、児童が自分の課題解決に適した資料を見付け、活用することは、必須の事柄である。その意味で図書館機能の「情報センター機能」の充実と活用を図ることは大切である。

　以上のことを踏まえて、私は主任教諭として以下のように取り組む。

解決策１　本校の学校図書館全体計画の抜本的な見直し

　本校の学校図書館全体計画（以下「全体計画」と表記）は、過去のものを小改訂して続けているものであり、教員もその存在の意識が薄い。そこで、管理職及び教務担当主幹教諭に提案し、特別部会を設けて今年度中に全体計画を改訂する。部会には、教務担当主幹教諭や研究主任低・中・高学年の代表者、ＩＣＴ担当者、図書館アシスタントに入ってもらい、読書機能と情報機能を踏まえた図書館の活用と環境整備について議論し、その内容を全教員にフィードバックすることを繰り返すことで、旧来の図書館イメージを一新し、全体計画を実効性のあるものとしていく。

解決策２　児童の多様な学びが可能となる、図書館を活用した授業の実現

　新しい全体計画に基づく図書館の活用には、授業改善が必須である。区の研究会には図書館部があり、魅力ある授業実践を行っている。そこで、長期休業

日中に研究会の実践者を招き、その取組の実際や図書館活用の考え方を紹介してもらうとともに、本校教員及び図書館アシスタントとの意見交流の場を設ける。また、私自身の実践として、総合的な学習の時間に児童が個々の探究に向けて、図書館を多様に活用する姿が見られる授業を提供する。さらに、全体計画を共に作り上げていく特別部会の教員にも声をかけて、図書館を活用した授業を見合う機会を作る。以上の取組で、全教員が従来の図書館のイメージから抜け出し、児童の学びが充実する図書館活用に向かう意識や行動を促す。なお、児童の学習者用端末で図書館蔵書のリストが閲覧できるように区の教育委員会に働きかけるなど、情報センター機能のＩＣＴ化については区の研究会と連携して行っていく。

　私は、以上のような取組を行い、校長の学校経営方針の下、主任教諭としての役割を果たしていく。

【中学校・高等学校・特別支援学校受験者へのアドバイス及び対応】
　本解答例は、小学校の事例をもとに作成していますが、中学校・高等学校においては、より一層「情報センター機能」としての学校図書館の活用や環境整備が求められると考えます。また、地域の図書館との連携も小学校以上に求められるでしょう。
　図書館司書の配置やICTの整備等、各地区の状況を踏まえながら、より充実した学校図書館の在り方を考えてみましょう。

💡 解説

　「個別最適な学び」と「協働的な学び」の一体的な充実には、児童・生徒が自ら課題を設定し、その解決に向けた方策を探って取り組むなかで、必然的に協働していくというプロセスが大切です。その意味でも、読書を楽しむだけではなく、児童・生徒が自ら働きかけていく学校図書館の実現に向けて図書館担当者には期待が大きくなっています。図書館司書、アシスタントや司書教諭、地域の図書館等との連携も視野に入れながら取組を考えてみましょう。　　　　　（宮崎倉太郎）

◉ 令和**7**年度予想問題① 解答例

学年経営担当

（1）課題

　私は、第3学年3学級の学年主任及び同学年に配置された新規採用教員の指導担当も担っている。学年経営にあたっては、新規採用教員もいることを踏まえ、3人の学級担任が緊密に連携し学び合いながら教育活動を進めていくことが大切だと考えている。特に、本学年は低学年時に学級経営が困難な時期を経験している児童が多く、校長の学校経営基本方針の柱にも「全ての教職員が児童の担任である」とあるように、学年の教員と児童との信頼関係の構築が必須である。そこで、私は、次に述べる2点を課題として学年経営に取り組む。

①学年の方針の共有と進行管理の徹底

　本校では、学年主任が学年の方針である「学年経営案」を作り、主幹教諭や副校長から指導をいただくことが多い。しかし、これまでの経験では、学校評価の時期を除いた日々の学習・生活指導等のなかで、年度当初に作成した学年経営案を学年として振り返ったり見直したりしたことはない。年度当初の学年経営案作成の時点から、学年の担任教員が当事者意識をもち、年間を通して意識して職務に当たれるようにすることが大切である。

②日々の授業を通した、児童と担任、児童同士の信頼関係の構築

　児童と担任の信頼関係は、日々の授業に培われ、表れてくる。毎時間の授業で児童の様々な思いや考えを大切にし、児童同士の関わりが生まれるように導くことで、「自分の考えを言っても笑われない」「友達と学ぶのが楽しい」という教員や学級への信頼感が生まれると考える。そのような授業づくりを、学年として実現していく。

（2）解決に向けて

①学年の方針策定のプロセスや進行管理を大切にした学年経営

　年度当初に学年の方針を設定する際には、学年主任である私が全て作成して了解を取るのではなく、私の考えをもちつつも、他の担任と思いを交流しながら、組み合わせたり折り合ったりして決めていくプロセスを大切にする。そして、各学期末や困難な状況が生じた際には、必ず学年の方針に戻り、対応の指針にすることを繰り返すなかで、学年の教員が当事者意識をもって日々の課題に臨むことができるようになると考える。

②児童の個性や主体性を引き出し生かす授業づくりへの支援・助言

　児童が自己実現を果たし、教員や学級との信頼関係を高めていくために、各

教科や行事等全ての教育活動で児童の主体性を大切にしていく。そのために、新規採用教員への指導として行う授業観察の際に、もう一人の担任にも声をかけて短時間でも学年全体で共有し、学年会の際に「児童の主体性の発揮やそのよさ」を中心に振り返りや次にチャレンジしたいことを考えていく。また、各担任が作成した教材・資料は、校務支援システムの学年フォルダで共有し、使ってみて感じたことなどを追記できるようにする。このような取組を通して、経験の多寡にかかわらず、日々の授業について自分事として意見を交わし、児童にとって学びのよさが実感できる学年・学級づくりを実現する。

私は、主任教諭として、上記のように学年経営と初任者の育成を合わせて考え、共に学び合う学年づくりを通して、学校運営に貢献していく。

【中学校・高等学校・特別支援学校受験者へのアドバイス及び対応】
中学校・高等学校は教科担任制であり、教科等の指導を中心に生徒に関わることが多いことから、学年経営については、学年主任を中心に、考え方や具体的な活動を明確にして取り組まれています。
また、教科経営の観点からは、多くの学校で講師の先生が配置されていることもあり、教科の指導方針や具体的な方法、評価について、一致して授業に臨むことが欠かせません。
そのような視点から、学年経営や教科経営について課題を設定してみるとよいでしょう。

解説

小学校では、多様な教育課題について、若手教員の増加、教員不足など困難な状況のなかでの対応が求められています。まずは、各学校の喫緊の課題を明確にし、学年経営や若手教員の育成をリーダーだけで行うのではなく、全ての教員にとっての研修になるという意識をもちながら論を立ててみることをおすすめします。

(宮崎倉太郎)

令和**7**年度予想問題① 解答例

特別支援教育（特別支援教室）担当

　私は特別支援教室の担当として、3校の巡回指導を行っている。本校の巡回指導教員は10名であり、3年連続で新規採用教員が配置されている。このような体制で3校に巡回するなかで、巡回指導教員の指導力の向上や在籍級担任との情報・行動連携に課題が見られる状況がある。そこで私は、校長の「児童のよさや可能性に気付き引き出す教育」という経営方針を踏まえ、主任教諭として以下の2点を課題としてよりよい学校運営に貢献する。

課題1　若手を含めた巡回指導教員の指導力の向上

　毎年のように新規採用教員が配置された結果、巡回指導教員の半数以上が本校で初めて特別支援教室の指導を担っている。そのため、日々の指導が定型的・画一的になりがちであり、特別支援教育本来の趣旨が生かされていない状況がある。若手教員だけでなく、巡回教員全体の知識・技能や意欲の向上が喫緊の課題である。

課題2　各学校の実態を踏まえた教員や保護者との協力体制の構築

　巡回指導教員と在籍級担任との連携の重要性は言うまでもないが、時間の確保や、具体的な指導における行動連携に課題がある。また、そのことが原因となって、保護者との信頼関係に課題が生じることも起きていた。この現状を改善することも急務である。

取組1　特別支援教育研修会を通した連携と巡回指導教員の資質向上

　前年度末に本校校長から各学校に依頼していただき、本校及び巡回対象校に各学期1回の特別支援教育研修会を設定することができた。私は研修の進行や資料提供を行い、実際に講師として前に立つ者は4年次未満の教員とする。また、研修の内容についても、巡回教員の思いを大切にし、「何を学びたい、伝えたいのか」からスタートし、巡回教員間で学び語り合う土壌を作る。研修に参画することを通して自己の日々の指導を見つめ直し、児童本位の指導となるような意識の変革を促したい。

　さらに、この研修をきっかけに、巡回対象校教員と巡回指導教員の人間関係や情報交換が活発になることも期待したい。

取組2　情報共有と「報連相」の徹底を通した信頼関係の構築

　これまでも「連絡ノート」として、在籍級担任と巡回教員の情報共有を行ってきたが、その書式を①指導内容と児童の様子、②教員の気付き、③相互に活用したい内容の3点を必須項目とし、簡潔かつ指導に生かすことのできるツー

ルにする。また、取組1で触れた研修会をきっかけに、在籍級担任や巡回校の管理職と積極的にコミュニケーションを取ることを徹底する。

さらに、在籍級担任や保護者との信頼関係構築が児童への指導に不可欠であることを踏まえ、連絡時の細かな心配りが大切であることの意識や、少しでも気になることがあれば一人の判断で対応せず必ず主任教諭やベテラン教員に報告・相談することを徹底する。

このような取組を進め、特別支援教室の全教員が同じ考え方や取組姿勢で指導にあたることで、児童への指導がより効果的に展開できると考える。

私は、上記のような取組を通して、校長の学校経営方針の下、主任教諭としての役割を踏まえて、よりよい学校運営に貢献していく。

【中学校・高等学校・特別支援学校受験者へのアドバイス及び対応】

本解答例は、小学校の事例をもとに作成してありますが、中学校でも各地区で特別支援教室の導入が進んでいます。ただし、新しい制度であり、各学校では、教員の専門性向上や指導方法の共有等多くの課題があることと思います。

だからこそ、この機会に巡回指導教員の資質・能力の向上はもとより、各学校の特別支援教育や特別支援教室の考え方、体制、指導方法等について、巡回指導教員としての専門性を発揮することには大きな意味があります。

高等学校においても、より特別支援教育の重要性が求められる現状を踏まえて、現在の課題をしっかりと見いだすところから始めてみましょう。

いずれの校種でも、特別支援教育に関しては、校内の教職員の連携とともに、スクールカウンセラーやスクールソーシャルワーカー等を含めた「チーム学校」としての取組が大切になります。

💡 解説

特別支援教育については、様々な資料が作成されています。ここでは、東京都教育委員会作成の「特別支援学級・通級による指導　教育課程編成の手引」（QRコード参照）を紹介します。

特別支援教室は、児童一人一人の教育的ニーズに応じた特別の教育課程の編成により、その指導を在籍校で受けられるという点に大きなメリットがあります。上記の資料等を確認していただき、特別支援教育専門員はじめ多様な人的リソースやICTの活用も視野に入れて、特別支援教室の有効性の担保に向けて挑戦してみましょう。　　　　（宮崎倉太郎）

❖ 令和**7**年度予想問題① 解答例

養護教諭

（1）課題

　私は、現任校が２校目で３年目を迎えている。校長からは、不登校等や登校渋りの児童が増えていることを踏まえた対応が課題として示された。

　本校では、教職員全体で学校保健の意識を高めるという校長の方針の下、これまでも養護教諭以外の教員を保健主任としてきたこともあり、児童の保健室利用の在り方や児童の心身の状況の共有に関する養護教諭と管理職、学級担任等との連携は良好であった。しかし、コロナ禍以降、長期欠席・不登校の児童や教室に入れない児童が増えてきた。以上のことを踏まえ、私は、主任養護教諭として、以下の２点を課題として設定し、これまで以上に養護教諭としての専門性を発揮し、組織的に学校保健活動等を実施することができるよう努める。

①学校医等の専門家と連携した、児童の健康への積極的な対応

　養護教諭は、日頃の健康診断や病気・けがへの対応等を通して、学校医や学校歯科医、学校薬剤師等との関係を作れる立場にある。そこで、日々の児童や教職員との関わりを通して、児童や保護者が抱える課題の解決に向けた機能の充実を図る必要がある。

②ＩＣＴを活用した、保健委員会・学校保健委員会の充実

　高学年児童による保健委員会の活動や、ＰＴＡと連携した学校保健委員会は、本校でも実施している。しかし、委員児童の熱心な取組は児童集会での発表等にとどまり、学校保健委員会も学校医を招いてお話を聞くなどルーティン化していて、改善の必要を感じていた。児童の活動を学校保健委員会で提案し共に考えることや、より多くの保護者が参加できるようにすることについて、ＩＣＴを活用することが有効であると考える。

（2）解決に向けて

①学校医等専門家との連携を生かした児童の心身の健康への対応

　児童が保健室を訪れる理由は多様であるが、コロナ禍以降は、漠然とした不安や気力の低下が理由で来室し、私や友達と会話をすることで教室に戻っていく児童や、そのまま保護者の迎えで帰宅する児童が増えた。これまでも、個別の児童について学校医に相談しながら進めたことはあるが、児童の心の面については、スクールカウンセラーの対応にも限界があった。

　そこで、本市が取り入れている、学校及び保護者の要請で学校精神科医を派遣する制度を活用したい。児童の発達や精神医療に関する専門性の観点から助

言をいただき、校内で共有することで、児童や保護者、教員、スクールカウンセラーのそれぞれにとって貴重な示唆となる。そのためには、制度の趣旨と手続きを分かりやすく工夫して職員会議等で周知し、活用しやすいようにする。

②ＩＣＴと活用した学校保健委員会による学校と家庭との協働

年１回実施している学校保健委員会への保護者の関心や参加意欲を高めるため、高学年児童による保健委員会が学習者用端末を使って作成したプレゼンテーションや劇などを、学校保健委員会の場で発表し、その評価も含めて学校医等からお話をいただく。児童の発表を取り入れることで、保護者の参加が増えることや、児童と保護者が共に生活について考える場となることが期待できる。

私は主任養護教諭として、児童・保護者・地域・教職員それぞれの思いや実践をつなぎ、専門家等とのパイプ機能も生かしながら学校運営に貢献していく。

【中学校・高等学校・特別支援学校受験者へのアドバイス及び対応】

養護教諭の配置については、校種を問わず大規模校を除いて各学校原則１名です。児童・生徒の心身の健康における課題が多様化・複雑化するなか、養護教諭に求められる役割や存在感は一層高まっています。

養護教諭の職務遂行において大切にしたいのは、児童・生徒や家庭や地域の実態や各教育委員会が行う様々な支援についてよく知っておくことです。また、養護教諭個人の資質向上だけでなく、他の教職員や保護者・地域との連携、外部人材やICTの活用などを含めて学校全体で児童・生徒の心身の健康の維持・向上を目指すことが必要です。

 解説

養護教諭の職務については、独立行政法人教職員支援機構NITS作成の動画「養護教諭の職務」（QRコード参照）に丁寧にまとめられていますので、ご参照ください。　　　　　　（宮崎倉太郎）

令和7年度
予想問題②

　次の問題について、合計43行（1,505字）以内で述べなさい。ただし、35行（1,225字）を超えること。

　主任教諭、主任養護教諭及び主任栄養教諭には、担当分掌において、自分の担当する業務の進捗状況を確認しながら分掌全体の進行管理をすることが求められています。

（1）このことについて、あなたの担当する分掌において、**特に全体の進行管理を行う上で課題となることは何か**、2点挙げて、その理由を述べなさい。

（2）（1）で述べた課題を解決するために、あなたは主任教諭、主任養護教諭又は主任栄養教諭として**どのように取り組むか**、あなたの実践・経験に触れながら具体的に述べなさい。

※太字は編者

▶出題の背景

　毎年、東京都教育委員会から参考資料として出されている「令和○年度主任教諭選考での職務レポートについて」には、「職務レポートとは、職務の中で直面してきた課題について、現状や問題点、原因などを整理し、主任教諭、主任養護教諭又は主任栄養教諭になった場合にどのように課題を解決していくか、具体的な方策を示しながら自分の考えを分かりやすく述べるものです」と示されています。

　様々な課題を解決するには、①そのための取組について②いつまでに何をどうしていくのか③そして結果を評価し④さらに必要なことに取り組んでいくPDCAサイクルに基づいた進行管理が欠かせません。

　主任教諭等のミドルリーダーには、自分が取り組む仕事だけでなく、分掌内の他の教職員が取り組む仕事についても、取組状況を把握して、必要な手立てを講じることが求められます。

　左の問題は令和4年度の問題ですが、分掌全体の進行管理は課題解決のために必須のことです。進行管理を意識しながら、自分なりのレポートを作成されることをお勧めします。

▶出題のねらい

　学校教育は、児童・生徒に1人1台端末が配備されたことにより、授業や学び方が大きく変わりました。今後はAIの導入など、さらに変化することが予想されます。また、人々の生活様式も同様です。これからの学校教育は、あらゆる可能性や危険性に応じて、臨機応変に対応していく必要があります。主任教諭、主任養護教諭、主任栄養教諭はそのような視点で、自分の担当する職務の目標の実現に向けて、計画的に取り組むことが求められます。

　設問（1）では、担当する職務を明確にし、全体の進行管理を行う上での分掌全体の課題とその理由を述べます。

　設問（2）では、課題を解決するためにどう取り組むかを、進行管理を意識して、自分の実践や経験をもとに述べていきます。　　　　　　（松浦正和）

» 令和 7 年度予想問題② 解答例

教務担当

（1）担当職務における課題

　私は今年度、教務部に所属し、授業時数管理とカリキュラムの実施状況の集計や管理を担当している。今年度本校では、学校長の経営方針の「基礎・基本の定着」と「一人一人に応じた確かな学力の育成」を達成するために、学校全体で「主体的・対話的で深い学び」に向けた授業改善に取り組んでいる。私の職務は、カリキュラムの実施状況を確認しながら、授業改善の取組についても確認し、そのよさと課題を全校で共有し、よりよい教育活動を推進することである。課題は次の二つだと考える。

（課題1）ＰＤＣＡサイクルの日常化

　児童が主体的に学んだり、対話的・協働的に学んだりするためには、課題提示の工夫や、日常的に話し合い活動やグループ学習に取り組む必要があると考える。また、課題解決的な学習を行うためには、どの単元で取り組むのかを明確にする必要がある。そして、基礎・基本を身に付けさせるためにも、カリキュラムの実施状況を確認するなどＰＤＣＡサイクルの日常化を図る必要がある。

（課題2）若手教員の育成

　本校は初任教員が○割、経験年数が３年未満の教員を含めると○割となる。若手教員の育成は、本校にとって喫緊の課題であるが、現状は各学年や育成担当に任されている。若手教員の育成に携わることは、指導する側の教員の資質向上にもつながる。学校全体で育成に関わり、全教員の指導力向上を図りたい。

（2）課題解決のために

　私は主任教諭として、以下のように取り組んでいく。

（解決策1）学年・専科ごとのＰＤＣＡサイクルの日常化

　児童に基礎・基本を確実に身に付けさせ、思考力・判断力・表現力を育てるためには、全校が児童の実態と指導法を共通理解し、共通の指導をする必要がある。そこで、担当として各学年・専科の年間指導計画をもとに、基礎・基本を重点とする時間や「主体的・対話的で深い学び」に取り組む単元を明確にし、主幹教諭や管理職から指導を受け、全校に提案する。そして、実施状況を毎週末に振り返り、成果と課題を次週の指導に生かすようにする。私は担当として、学年会・専科会の内容を確認し、管理職に報告し指導を受け、成果のあった指導や取組を全校に周知し共有できるようにする。

（解決策2）組織的な人材育成

66

学校全体で若手教員の育成に取り組むために、ＯＪＴ担当に相談し、主幹教諭や管理職に指導を受けて、人材育成委員会を開く。そこで、各若手教員の現状や指導の進捗状況を確認し、よい取組や配慮事項などを共有する。それを全校に周知し、全教員が若手教員の育成に関わる計画をＯＪＴ担当と相談して作成する。そして、月に一度、委員会で指導の進捗状況、育成上の課題や工夫などの情報を共有し、日々の指導に生かす。私は担当として、実施状況を確認し、学校全体で若手教員の育成に取り組むことができるようにする。

以上のように、教育活動を振り返り、次に生かすというＰＤＣＡサイクルの日常化を図り、授業改善や人材育成ができるようにしていく。そのことが、カリキュラムを確実に実施し、学校長の経営方針を実現することにつながると考える。そのために、私は主任教諭として常に取組を振り返り、改善策を立案し、主幹教諭や管理職に指導を受け、一層の充実を図っていく。

【中学校・高等学校・特別支援学校受験者へのアドバイス及び対応】
　本解答例は小学校の事例をもとに作成してあります。教科担任制の中学校や高等学校では、学年単位での取組をもとに、学校全体で取り組むことになります。特別の教育課程を編成している特別支援学校においては、児童・生徒一人一人の指導計画に基づいてマネジメントが必要となります。

　解決例に示した学年ごとのPDCAサイクルの日常化や、若手教員の育成については、どの校種においても大切なことです。解答例を参考に、自校の実態に合わせた解答を作成してください。

💡解説

ICTを活用しながら「個別最適な学び」や「協働的な学び」に取り組み、「主体的・対話的で深い学び」に向けた授業改善にどう取り組むのかは、大きな課題です。解答例には字数の関係でカリキュラム・マネジメントの言葉は省いていますが、自校の取組をカリキュラム・マネジメントの視点で見直し、自分なりの課題解決法を論じてみましょう。

（松浦正和）

»令和7年度予想問題② 解答例

生活指導担当

（1）課題

　本年度、私は生活指導を担当し、主幹教諭である生活指導主任を支える職務に就いている。学校経営方針の中に児童が安心して生活できる教育環境づくりが挙げられている。この内容を生活指導面からも課題を整理し、実効性のある形で課題解決する必要がある。そのため、私は体制づくりと若手教員の指導力向上についての2点に取り組む。

（課題1）生活指導に関する情報共有と課題解決のための体制づくり

　生活指導は、❶学級内での指導について、個々の教員の主体性や力量に任せる場面も多く、教員によって指導の違いを指摘されることもある。現在、各学年や学級で何が課題となり、どのような取組がされているかの情報を整理し、的確な課題解決策を推進する体制づくりが求められている。

（課題2）若手教員を中心とした指導力向上

　様々な児童に対応する生活指導の力量を高めることが課題解決には必要不可欠である。特に若手教員を中心に、学級経営や保護者対応などについて、適切な助言や指導力向上のための計画的・組織的な体制の確立が急務となっている。

（2）課題解決のために

　私は主任教諭として、以下のように取り組んでいく。

（解決策1）情報共有と課題解決の体制づくり

　各学級・学年での生活指導上の課題となっている状況や困難な対応例については、❷情報共有できるように校内のネットワークに課題別、学年別に整理していく。課題解決は学級単位、学年単位で取り組めることは具体的に進め、結果報告を共有できるようにする。また、全体での進行管理が必要な事項については、主任教諭を中心に進捗を整理し、その都度、対応結果の報告が共有できるようにしておく。学年の発達段階の違いや個々の児童の状況によっても、指導の方法は様々である。その内容が適切なものになっているかどうかを見極めることも大切になってくる。また、不登校や暴力的傾向のある児童への対応、家庭的な困難のある児童への対応などについては、教員の組織だけではなく、スクールカウンセラー、スクールソーシャルワーカーなどとの連携を視野に置き、定期的に情報共有と対応結果の検討の場を設け、実効性のある取組になるようにしていく。

（解決策2）若手教員の育成体制の構築と検証

日々の教科指導を行うことで手一杯の❸若手教員については、生活指導面で悩んでいることを共有し、解決策についての相談や助言を得る場を作っていく。いつも集まって直接の指導はできないため、定期的に集まる以外は年齢的にも近く、共通した経験内容も多くある学年の主任教諭を中心とした場を校内ネットワーク上に設置し、必要に応じて学年会等でも取り上げていく。児童との関わりで生じる細かな悩みには、一つ一つ成功体験を積み上げていくことで力が身に付いていくことから、若手教員が自信をもって取り組んでいけるよう、主任教諭の役割としてしっかり自覚して支援や助言をしていく。個々の教員によって対応や状況は異なるので、一人一人に柔軟な支援・助言ができるよう情報収集を心がけ、実践内容とその後の状況が分かるように整理し、次につなげていく。生活指導面での力量のアップは、児童や保護者からの信頼を得るとともに、安定した学級経営につながっていくことになる。

【中学校・高等学校・特別支援学校受験者へのアドバイス及び対応】
❶中学校・高等学校などでは、若手教員が副担任として先輩の学級担任から指導を受けながら力を付けていくケースが多くあります。
❷中学校・高等学校などでは、地域や他の学校などの対外的な生活指導上の問題も発生することがあり、校内の体制を作っておく必要もあります。また、広域的な対応については、日頃から連絡・連携体制が機能するようにしておきます。
❸学年単位での指導体制が組まれることが多くあり、その中で完結することもあります。また、部活動も生活指導上の課題に別の形で関わる場として認識されることが多くあります。

💡 解説

　生活指導については、個々の指導の場面と学校全体の方針で取り組んでいく場面の両方があります。学校行事や学年集会などの全体的な指導の場面では、一定の共通理解に基づき行っていくことで、ある程度円滑に進みますが、逆に学級内などの個々の生活指導の場面では、教員の児童・生徒との関わりや関係性が大きく影響してきます。良好な関係が築かれていなければ、問題点を指摘するだけでは解決には向かっていきません。そのような場合は個での対応ではなく、学年の連携体制や生活指導部での相談など、多くの教員の支援体制を活用しながら指導していくことが大切です。

　また、組織全体として対応することが求められており、生活指導はその最たるものです。スクールカウンセラーやスクールソーシャルワーカーを活用した組織づくりも重要となってきます。

（山田修司）

≫ 令和 7 年度予想問題② 解答例

研究・研修担当

（1）担当する職務における課題

　今年度、私は研究推進委員会に所属し、研究主任を補佐する副主任を命じられている。本校は、昨年度の学力調査の結果では、国・都の平均を下回っており、学力向上は大きな課題となっている。

　そこで本校では今年度から、○○の研究を通して、○○することができる児童の育成を目指すことにした。児童の実態から、児童一人一人が○○を確実にできるようにしていく必要があると考えたからである。私の職務は、学校長の経営計画「基礎・基本の確実な定着」「一人一人に応じた確かな学力を身に付けさせる」のもと、研究活動を推進し「個別最適な学び」と「協働的な学び」を実現しながら、児童一人一人が、確実に○○をすることができるようにし、児童の学力向上につなげていくことである。

　学力向上を進めていく上での課題は次の2点と考えている。

（課題1）全教員による共通理解と共通指導を行うこと

　児童一人一人に、○○の力を確実に定着させ、「一人一人に応じた確かな学力を身に付けさせる」ためには、全教員が指導法等について共通理解をし、学校全体で取り組んでいく必要がある。

（課題2）各自の取組を全校で共有し全体の研究とすること

　学年ごとに行われる日常的な研究活動は、全校に公開し、その成果と課題を共有していく必要がある。本校では、それぞれの取組や授業実践は学年内や専科会だけで行われ、情報の共有ができておらず、工夫が求められる。

（2）課題解決に向けて

（解決策1）全教員による共通理解と研究授業を通しての検証

　はじめに、研究推進委員会で検討した○○を全校で共通理解し、全員が研究授業を通して検証していく。全教員が「児童一人一人が○○をすることができるようにする」授業に取り組む。全授業の協議に研究推進委員会のメンバーが関わり、児童の実態や指導のねらい、指導方法などについて検討する。そして、研究主任や主幹教諭、管理職から指導を受け、「基礎・基本の確実な定着」「一人一人に応じた確かな学力」につながる学習活動を明確にしていく。授業後には協議会を行い、成果と課題を明らかにし全校で共有していく。

（解決策2）研究スケジュールや内容、進捗状況の共有

　全校で共通理解・共通指導を通して学力向上に取り組むために、研究担当と

70

して、研究のスケジュール、各学年の指導案や授業実践、成果と課題などの話し合いの内容、そして研究予定等を全教職員が閲覧できるようにする。そして、〇〇についての取組とその成果と課題については、確実な記録を促し、全教員に周知していく。研究に関わる打ち合わせには、必ず研究推進委員会のメンバーが参加し、打ち合わせの経過や結果については、毎週掲示し周知する。また、教務主任と日程調整し、当該学年以外の教員も協議に参加できるようにする。

　以上のように、私は主任教諭として研究活動をリードし、主幹教諭や管理職から指導を受け、一層の充実を図っていく。

【中学校・高等学校・特別支援学校受験者へのアドバイス及び対応】
　本解答例は小学校の事例をもとに作成してあります。中学校や高等学校では、教科ごとに授業改善や研究・研修活動に取り組むことが多いと思いますが、学年単位での取組も重要となります。また、特別支援学校については障害の種別や程度によって異なると思われます。
　しかし解答例に挙げた各学年の取組を全体で共有することや、全員が研究授業等を行い、その成果と課題を共有していくことは、校種に関係なく必要なことです。この解答例を参考に、自校の実態に合わせた解答を作成してください。

💡 解説

　「主体的・対話的で深い学び」の実現に向けた授業改善に取り組む際には、基礎・基本の習得が欠かせません。そのためには、各種学力調査の結果を活用したり、プレテストを行ったりして、実態を把握することが必要です。
　また、研究活動が授業改善や学力向上につながるように、進行状況の確認や必要な修正を加えていくことも大切です。自校の実態に応じた研究活動を行い、各教員の授業力向上と児童・生徒の学力向上を図る取組を具体的に述べていきましょう。

(松浦正和)

◉令和**7**年度予想問題② 解答例

特別活動担当

（1）担当職務における課題

　前任校では児童会活動と委員会・クラブ活動を担当した経験があり、本校に異動してからは特別活動全体を担当する主任となった。コロナ禍において学校行事や特別活動そのものの実施が困難であった経験を踏まえ、個々の活動が学校教育にとってどのような価値があるのかをあらためて組織的に検証する必要があり、以下の2点の課題解決を目指していく。

（課題1）学校行事の見直しと他の教育活動との関連の明確化

　❶次期学習指導要領の改訂に向けた中央教育審議会への諮問が行われるなか、学校行事などの特別活動と教科指導との関係性を今一度見直し、教科指導とは異なる児童の成長における成果を明確にする必要がある。その上で、取組内容を整理し、目指す児童像を共有していくことが求められる。

（課題2）児童の主体性を育成する自発的・自治的活動の充実

　児童が自ら積極的に取り組んでいく❷児童会活動やクラブ活動では、人間関係の形成、個性の伸長、集団の一員としてよりよい学校生活づくりへの参画などから問題を解決しようとする自主的、自発的な態度を育てることになる。限られた時間の中でも計画的に取り組み、状況を把握しながら進める必要がある。

（2）課題解決のための取組

（取組策1）学校行事は、コロナ禍において中止や実施内容の見直しを迫られたことにより、現在、改善を経て新しい形で実施されている。学校行事そのものを見直して計画的に進めてきた経験が、特別活動主任としての大きな転換期になった。今年度は学校行事を単体で機能させるのではなく、教科指導をはじめとした他の教育活動との関連性を明確にした上で、相互に有効性を高めていくことに取り組んでいる。具体的には、行事ごとに関連性と有効性を特別活動部で検討し、学年主任や領域主任と調整した資料を一覧にまとめ、校内情報として閲覧できるようにしていく。学校全体の検討の場では共通理解を求めながら、効果の検証を含めた形での新しい方向性を確立して、個々の教員が教科等と特別活動の関連を意識した学習指導を展開していくことを目指す。このように「見える取組」を通して、教員に特別活動の目指す児童の成長を実感させていくことが、特別活動を担当する主任教諭として求められる使命である。

（取組策2）❸児童会活動は、選ばれた児童が中心となって運営していくが、指導内容の特質に応じて、教員の適切な指導のもとに、児童の自発的・自治的な

活動が効果的に展開されるようにすることが望ましい。各活動の担当者が同じ方向性を共有して指導することが大切であり、そのためにも主任教諭として全体の方向性を考え、各活動の指導状況を把握していく必要がある。話し合いの時間は限られているので、校内ネットワークを活用して各担当が確認していく機能を構築し、考えていることや現状報告など、常にリアルタイムの課題や情報が共有されるようにしていく。児童一人一人が主体性を発揮して自発的に児童会活動に取り組むことにより、教科での学びとの相乗効果としていくことも大切である。特別活動は教員と児童が成就感を共有できる教育活動でもあり、双方が満足できる活動を積み重ねていくことが、互いの信頼関係となり、円滑な人間関係を醸成していくことにつながる。

【中学校・高等学校・特別支援学校受験者へのアドバイス及び対応】
❶中学校・高等学校での部活動は、外部委託など指導体制の新たな構築や大会等の実施についても大きく変わろうとしています。今後注視していく必要もあり、校内での検討も急務となっています。
❷中学校・高等学校では生徒会活動であり、より生徒に任された活動になり、担当の教員の関わり方も小学校の場合とは違ってきます。また、部活動は自主的、自発的な参加により行われますが、今後は外部機関との体制の構築など、様々な課題解決が求められています。
❸生徒会役員などは選挙などの方法も取り入れることが多く、中学校・高等学校では生徒に任されています。運営自体も生徒の主体的な活動が大切にされています。

🔍 解説

　特別活動は校種によって児童・生徒との関わり方が違ってくるため、主任教諭としての役割もそれぞれです。小学校では全体的な計画から直接的な指導場面が多くありますが、中学校・高等学校では学年単位での取組も多く調整役に徹することもあります。小学校での学級活動は1年生から6年生までの年齢差があるため発達段階に応じた内容を考えていく必要があり、中学校・高等学校では学級の活動は学校全体での活動につながっていることを意識しながら進めていくことが大切です。教科指導とは違った児童・生徒との関わりがあります。

　今後は部活動の実施体制をどのようにしていくのか、各自治体の動向や具体的施策に注視しながら、学校内の教員組織も検討していく必要があります。

(山田修司)

● 令和**7**年度予想問題② 解答例

体育・健康教育担当

（1）担当職務における課題

　学校教育活動全体を通し、児童の発達段階を考慮しながら、体育・健康に関する指導を行うことが求められている。運動会などの学校行事はもちろん、通常の教科指導の円滑な実施のための体育用具の準備、水泳指導の計画、養護教諭と連携した健康教育の推進など、職務は多岐にわたっている。私は、❶体育部の主任として年間計画や指導内容、指導の工夫などについての助言・支援の体制づくりと、教科の特性を生かし、学習指導要領の趣旨を明確にした体育指導計画の見直しの２点を課題として取り組んでいる。

（課題１）体育・健康教育充実のための組織づくり

　体育は教科書がないために、個々の教師の経験に基づいた指導の場面が目立つことが多く、経験年数の少ない教員には苦手意識をもつ者も多い。その状況下において、❷体育に関する校務分掌を若手教員が担うケースも増えている。十分な経験のないなかでの職務分担の場合は、明確な理念を示し、組織全体で支えていく必要がある。そのためにも、活性化を目指すための具体的な取組が必要となってくる。

（課題２）学習指導要領に基づいた体育指導の充実

　学習指導要領で決められた内容をきちんと指導していくためにも、その情報や指導方法、内容を効率的に授業に生かしていける体制をつくることで、各教員の指導の支援を行っていく。その中心となって組織運営をしていくのが主任教諭であり、その立場の重要性への認識は高くなっている。

（2）課題解決のための取組

（解決策１）若手教員の経験のなさを補うのは、一つ一つの取組に計画、実施、振り返り、改善のＰＤＣＡサイクルを取り入れて、その積み重ねを成果につなげていくことである。昨年の計画を見直し、改善するところから始め、共通の理念に基づいた内容となるよう支援していく。実践後は、評価の視点を明確にして、次につながる振り返りとなるよう助言する。このような若手教員自身の意思を生かした計画の実施が成果や自信につながり、組織の力になっていく。児童と直接関わりながら職務を進める機会も多くあり、指導の成果を実感することもある反面、難しさに直面することもある。具体的場面での指導ができるのも体育関係の組織ならではの利点である。私自身もＰＤＣＡを常に意識しながら、組織の活性化に努めていく。

（解決策2）体育の指導は教科書に沿って行うということがなく、単元指導計画などを参考にしながら進めることが多い。特に若手教員は児童と関わっていく力が十分になく、教室などの落ち着いた環境ではうまくできる指導も体育館や校庭での自由な空間ではうまくいかないことが多い。学習指導要領に記載されている各領域の内容を理解し、具体的な指導計画に基づいて指導していく必要があり、教員自身が経験した内容をもとに指導したり、指示をして運動をさせたりするだけでは、本来の趣旨を逸脱していることになる。そのためにも、自由に使える各学年、領域の指導案や学習カード、授業に必要な体育用具の紹介などの情報を校内のICT環境で共有し、自由に使用できるようにしておく。ただ、それだけではなかなか授業の改善につながらないことから、私自身が❸授業に参加して助言をしたり、主任教諭の授業を見る機会などを計画的に示すことで、より進んだ体育の授業改善を目指していく。

【中学校・高等学校・特別支援学校受験者へのアドバイス及び対応】
❶学校全体の体育関係の職務を担当するのは、中学校・高等学校では保健体育の教員であることから、保健体育の指導について、他教科の教員に関わることはないところは大きな違いです。
❷中学校・高等学校は小学校のように学級担任全員が体育指導を行うわけではないので、体育を担当する職務は、教科について精通している教員が行うことになり、組織について顕著な課題はありません。
❸中学校・高等学校は教科担任制のため、教科外の教員が保健体育を指導することはありませんし、個々の教員に対しての助言や支援の必要はありません。ただ、複数の保健体育担当教員がいる場合は、主任教諭として指導していく課題はあります。

💡 解説

　体育は教科書もなく、学習指導要領に示された内容をどのように指導していくかは教員に任されています。ただ、運動するだけの授業も散見されます。体育の教科主任が教材や資料の提供、定期的な実技研修の体制づくりなど、学校の状況に応じて取り組む必要があります。また、体育で使用する用具や用品を使いやすい形で準備し、常に整備していくことも求められています。

　体育部主任の主任教諭として、所属する教員の役割分担を考え、組織として対応できるようにしていきます。学校内にとどまらず、学校外での研修の機会を積極的に紹介し、「主体的・対話的で深い学び」のある体育学習が全校で展開される学校になるように取り組んでいく必要があります。

(山田修司)

» 令和 7 年度予想問題② 解答例

教科担当（算数科少人数指導）

（1）担当職務における課題

　私は今年度、算数科少人数指導担当として、３年から６年の算数教育を担当している。これまでＡＩドリルなどを活用して「個別最適な学び」を実現し、学力向上に取り組んできた。しかし、タブレットの扱いやＡＩドリルの活用について、全教員が習熟したとは言えず、十分な取組にはならなかった。そこで今年度の私の職務は、算数科において、学校長の経営計画の「基礎・基本の確実な定着」と「一人一人に応じた確かな学力の育成」を図ることである。

　このことを達成するための課題は、以下の２点であると考える。

（課題１）指導法についての共通理解と共通指導

　「基礎・基本の確実な定着」を図るためには、ＡＩドリルのように一人一人の児童に習熟度に応じた課題に継続的に取り組ませることが必要である。また、児童に既習事項をもとにして課題に取り組ませるなど、問題解決的な学習が求められるが、未だに教え込みの授業をしている教員もいる。「確かな学力」の育成には、「主体的・対話的で深い学び」に向けた授業改善が必要である。

（課題２）若手教員の育成

　本校は、本校初任の教員が○割で、経験年数が３年未満の教員を含めると○割となる。昨年度は、児童の実態に応じた課題作成や学習内容の系統性などについて指導したが、授業を見て指導することはほとんどできなかった。若手教員を育成する上で、授業を実際に見て指導ができるように、全校体制で取り組む必要があると考える。

（2）課題解決のために

　私は主任教諭として、以下のように取り組んでいく。

（取組１）単元ごとの共通理解と共通指導の徹底

　私は算数の担当として、担当外の１・２年生も含めた全学年の年間指導計画をもとに各学年と話し合い、「基礎・基本の確実な定着を図る」単元や時間と、「主体的・対話的で深い学び」に取り組む単元と時間を決め、全校に周知する。そして、ＡＩドリルなどＩＣＴの活用などについても同様にする。さらに、単元ごとに習熟度別にねらいと指導法を確認し、教材についても共通理解を図る。そして、管理職から指導を受け、指導後には振り返りを行い、成果と課題を次の指導に生かしていく。

（取組2）組織的な人材育成

76

若手教員が週に１回は指導を受けることができるように、ＯＪＴ担当と相談して、育成計画の原案を作成し、主幹教諭や管理職から指導を受け、全体に提案し実施する。授業を見た指導担当者は、その日のうちに気付いたことを若手教員と学年主任に伝え、次の授業に生かすことができるようにする。私は算数担当として、算数科の授業の進め方や、ＡＩドリルの活用法について、年度初めに講習会を開き、その後も継続して指導していく。

　私は主任教諭として常に取組を振り返り、必要な改善策を立案し、主幹教諭や管理職に指導を受け一層の充実を図る。そして自分自身も指導力向上に向けてさらに学び、主幹教諭を補佐し学校組織に貢献していく。

【中学校・高等学校・特別支援学校受験者へのアドバイス及び対応】
　本解答例は、小学校の事例をもとに作成しています。教科担任制の中学校・高等学校、そして特別な教育課程を編成する特別支援学校においても、指導法の共通理解や若手教員の育成については、共通する課題です。

　また、習熟度別の指導についても、それぞれの習熟度に応じた指導を学年全体で共通理解する必要があります。自校の実態に応じて本解答例を修正し、解答を作成してください。

💡 解説

　令和６年度全国学力・学習状況調査では、「算数・数学が好き」と答えた児童・生徒は、「当てはまる」「どちらかといえば、当てはまる」を合わせて、小学校は約61％、中学校は約57％でした。また「授業の内容が良く分かるか」については、小学校が約82％、中学校が約76％でした。他の質問についても、小学校と中学校を比べると、数学の学習に対し、肯定的な回答をする生徒の割合が低下しています。この傾向は10年間ほぼ変わっておらず、小学校だけでなく、中学校・高等学校、そして特別支援学校においても、算数・数学の学習について、分かりやすさや楽しさ、そして学習したことが生活に役立つという実感をもたせていくことが大切です。

　学習指導要領の「主体的・対話的で深い学び」を目指した授業改善を進める上でも、それらのことに留意し、どう取り組んでいくのか、具体的に記述しましょう。

(松浦正和)

» 令和7年度予想問題② 解答例

教科担当（外国語科）

（1）担当職務における課題

　昨年度より❶外国語の教科主任として職務に取り組んでいる。現行学習指導要領によって示された新たな指導内容や教科時数の増加に伴い、見直されたカリキュラムの実施状況を把握し、「主体的・対話的で深い学び」を教科の中でどのように実践していくか、また各教員とＡＬＴとの連携体制について、助言や支援ができる体制づくりを目指している。その中で授業の充実と支援体制の２点を課題として取り組んでいる。

（課題１）学習指導計画の内容の充実

　本校のカリキュラムは、自治体から派遣される❷ＡＬＴとの関係を考慮し、学校の独自性を尊重して作成しているが、内容的な充実をさらに目指すための取組が進んでいない現状がある。教員は常に授業に対する改善の姿勢で臨むことが求められており、検証の状況も把握する必要がある。

（課題２）ＡＬＴとの連携と支援の体制づくり

　具体的指導内容や方法については、長期休業中にＡＬＴの派遣元と連携して研修を実施しているが、日々の授業の状況を把握し、具体的な助言や支援につなげていくための組織運営が課題となっている。資料化したものを各担任が校内ネットワークで閲覧し、双方向の質問も可能な体制づくりを進めていく必要がある。

（2）課題解決のための取組

（解決策１）カリキュラムの検討を行う体制づくり

　学校は所属職員が毎年変わり、学年を構成する教員も変わっていく。その中で、外国語の指導方針を共通理解するには、明確な計画、実践する意識、検証する機会の確保が必要となる。教科指導は学級担任の力量に負うところが大きいが、外国語科担当の主任教諭として、各教員の指導力向上に積極的に関わることが課題解決の要であると認識している。具体的には、実践後にカリキュラムの見直し、児童への定着状況や興味関心などを校内ネットワークに入力してもらい、情報共有し、それをもとに私が改善内容を提示していく。また、学期中に１回は空き時間等を活用して、❸学級担任の授業を参観できる体制をつくる。半数は動画撮影をしたもので代用することで機会を確保し、指導内容の改善につなげていくようにする。

（解決策２）ＡＬＴの有効活用と支援体制づくり

年度当初にＡＬＴと学年主任と指導内容についての打ち合わせをしている。また、学級担任が共通した空き時間を取れる時間割にしており、そこでＡＬＴとその週に実施する内容、教材、ＴＴの役割分担なども確認できるようにしている。ただ、実施内容の振り返りや検証を行うには十分でないため、学期ごとに課題を集約し、長期休業中の研修内容に反映していくようにする。そこで課題となったことについては共有していき、提案された改善策を指導につなげていく体制をつくる。さらに、個々の教員の指導状況にも柔軟に対応できるように、共通した教材はいつでも閲覧、活用できるようにすることで支援体制を構築する。特に、若手教員には積極的に声かけをするなど、授業の中での具体的な助言や支援を行う。さらに資料・情報提供をし、外国語科の指導内容の理解促進に努める。

【中学校・高等学校・特別支援学校受験者へのアドバイス及び対応】
❶中学校・高等学校では、主任教諭として同じ教科内の教員に働きかけることはありますが、小学校のように学級担任と教科指導について話し合ったりすることはありません。
❷学校種別や自治体によってもＡＬＴの派遣の状況は大きく違っており、打ち合わせ、研修を含め、自校の体制を考えていく必要があります。また、派遣会社に委託している場合は、個々の状況が違ってくることから、事前の確認が重要です。
❸教科主任が学級担任の授業を参観することは小学校ではありますが、教科担任制の中学校・高等学校ではありません。その代わりに、教科主任の役割としてより教科の特性に特化した授業の改善・充実が求められています。

💡 解説

　現行学習指導要領において、5・6学年は外国語になり時数も増えました。一方、3・4年生でも外国語活動として実施が拡大しています。高学年では教科書が新しく導入され、これまで実施してきたコミュニケーション中心のカリキュラムから、新しく示された「読むこと」「書くこと」に慣れ親しみ、「聞くこと」「読むこと」「話すこと」「書くこと」による実際のコミュニケーションにおいて活用できる基礎的な技能を身に付けるようにするという課題が出てきています。

　教科主任として、どのように対象学年に情報提供し、実施における助言や支援ができるかを考えていくことが求められています。特に「読むこと」「書くこと」の内容について十分吟味し、指導計画を作成することが大切です。　　（山田修司）

»令和7年度予想問題② 解答例

情報教育（ICT）担当

（1）担当職務における課題

　私は今年度、ICT担当として、校内のICT環境を整えたり、デジタル教科書が代わったため、授業で活用できるように研修会を開いたりしてきた。今年度本校では、学校長の経営方針の「基礎・基本の定着」と「一人一人に応じた確かな学力の育成」を達成するために、学校全体として、「主体的・対話的で深い学び」に向けた授業改善に取り組んでいる。私の職務は、児童が進んで学習に取り組むことができるように、授業の中で適切にICTを活用することができるようにすることである。ICT活用の課題は次の二つだと考える。

（課題1）ICT活用の日常化

　児童はタブレットを進んで使っている。主体的に学ぶためには、使い方を指導し、日常的に児童が使いたいときに使えるようにすることが大切だと考えるが、タブレットやICTに不慣れなために、未だに児童に使わせることをためらっている教員もいる。情報活用能力を育てるためにもICT活用の日常化が必要である。

（課題2）ICT活用の共有

　コロナ禍において、オンライン授業や家庭との連絡を、タブレットを使って実施していた。その後も継続して取り組んでいるが、学年・学級により頻度や内容に差がある。また、授業におけるICT活用についても同様である。定期的に研修会も開いているが、参加者が限られており、ICT活用の実践や活用法などの学校全体での共有と、全教員の指導力向上が求められている。

（2）課題解決のために

　私は主任教諭として、以下のように取り組んでいく。

（解決策1）ICT活用の共通理解・共通指導

　私は担当として、年間指導計画をもとに各学年と話し合い、ICTを活用する単元や時間を決め、主幹教諭・管理職の指導を受け、全校に周知する。そして、日常的にタブレットを含むICTをどう活用するかを学年ごとで話し合わせ、毎週末に実施状況を確認し、ICT活用の成果と課題を洗い出し、次の指導に生かしていく。私は担当として、学年会・専科会の内容を確認し、管理職に報告し指導を受け、成果のあった指導や取組を全校に周知し共有できるようにする。

（解決策2）組織的なICT活用

　学校全体で行うICT活用を通して、児童が進んで学習に取り組み、「基礎・

基本の定着」を図り、「一人一人に応じた確かな学力の育成」を実現するために、タブレットは児童が自由に使えるようにする。そのため、タブレットの使用法について各学年と話し合い、授業中の置き場所や使い方を決め、主幹教諭や管理職に指導を受け試行していく。そして、児童の学習状況や活用の成果と課題を毎週末に各学年から報告を受け、全校で共有し次週の指導に生かしていく。また、ＩＣＴ支援員の協力を得て、タブレットやインターネットの活用法など基本的な操作手順を撮影し、個々の教員が必要なときに見ることができるようにする。

　私は主任教諭として常に取組を振り返り、改善策を立案し、主幹教諭や管理職に指導を受け、一層の充実を図っていく。そして、児童が進んで学習に取り組むことができるように、ＩＣＴ活用を全校で推進していく。

令和7年度 予想問題②

....

【中学校・高等学校・特別支援学校受験者へのアドバイス及び対応】
　本解答例は小学校の事例をもとに作成してあります。教科担任制の中学校や高等学校では、ICT活用は日常的になっているかと思いますが、学年・学校全体で生徒の主体的な学習のために取り組むことになります。特別の教育課程を編成している特別支援学校においては、児童・生徒一人一人の指導計画に基づいてマネジメントが必要となります。
　解答例に示した学年ごとの共通理解・共通指導や組織的な取組は、どの校種においても大切なことです。解答例を参考に、自校の実態に合わせた解答を作成してください。

💡 解説

　ICTを活用しながら「個別最適な学び」や「協働的な学び」に取り組み、「主体的・対話的で深い学び」に向けた授業改善にどう取り組むのかは大きな課題です。子供たちが進んで学習に取り組むようにするためには、タブレットを含むICT機器は児童・生徒が必要なときに使えるようにしておくことが大切です。

　学習指導要領には「児童（生徒）の発達の段階を考慮し、言語能力、情報活用能力、問題発見・解決能力等の学習の基盤となる資質・能力を育成していく」とされ、環境の整備とともに情報教育及び教科等の指導におけるICT活用について充実を図ることが示されています。各学校での取組を具体的に記しましょう。

(松浦正和)

» 令和7年度予想問題② 解答例

学年経営担当

（1）担当職務の課題

　現在、第3学年の学年主任を担当している。教員への助言や支援は、学校全体のOJTに位置づけられた内容や方法で行っており、学校経営方針の具体化に向けて、学年経営方針を策定し、学年全体を見通した運営を行っていくことが求められている。学年を構成する教員に対しても、適切な助言や支援を行い、学年全体としての明確な意思をもって学習指導や生活指導等に成果を上げていかなければならない。そのためにも、学年共通の指導や理解をもって教育実践を進めていくことが大切であり、以下の2点を課題として取り組んでいく。

（課題1）学年経営方針に基づく共通指導・理解の徹底

　学年組織として、全体的な成果を目指さなければならない。学年を構成する教員は、教員経験1〜3年目の基礎形成期に該当する若手教員がほとんどである。そのためにも、学年経営方針に沿った学習指導や生活指導を確実に遂行していく必要がある。

（課題2）学習・生活指導の基礎的な指導力の育成

　若手教員はこれまでの教育活動や教育実習等を通して、学習指導や児童との関わりについて一応の経験をしているが、実際に教員となって多様な児童の実態に直面すると柔軟な対応ができず、不安や悩みを抱えている状況にある。そのため、私は日常的に支援や助言を行っているが、それに加えて、教員同士の切磋琢磨や双方向で意思疎通を図る機会の設定などの学年運営の工夫により、組織を活性化させていく必要がある。

（2）課題解決のための取組

（取組1）学年としての共通の指導や理解を促すためには、学年会などの教員同士のコミュニケーションを図る場が必要となるほか、内容も単なる報告や教科の進捗状況の把握だけでなく、学年経営方針で目指している内容を、どのような具体的な教育活動に結び付けているかを十分話し合う必要がある。私は、個々の若手教員がもつ課題について、共に指導の工夫を考え、必要な資料を準備し、実践を振り返るPDCAサイクルを促進して、指導力向上につなげていく。また、互いの実践を交流する機会を定期的に設定し、そこでの助言や支援を大切にしていく。そのためにも日々の課題や実践が分かるように資料を電子データ化し共有することで、短時間で交流できるよう工夫を図る。

（取組2）若手教員の指導力向上には、個々の状況の把握と課題解決のための

82

方策の検討が大切である。学習指導・生活指導の何が課題となり、実際の指導場面での児童との関わりはどうなのかを知っておくことが大切である。個々の状況に応じた育成プログラムを作成することで、時間的にも内容的にも効率的な育成につながっていくと考える。❸専科等の授業で空いた時間を活用し、授業を参観させたり、参観したりして具体的な場面での指導を行っていく。週に1時間設定し、年間では40時間程度の時間を確保する。

　教員個々が抱えている課題は共通ではない。一人で抱えるのではなく、学年会等で課題を出し合い、対応方策を互いに考え実践していくことで、各自の能力の向上につなげていく。職員室での学年ごとでの机の配置を生かし、話のできる環境づくりに努めていき、助言や支援の充実に取り組んでいく。

【中学校・高等学校・特別支援学校受験者へのアドバイス及び対応】
❶中学校・高等学校などの場合は、学校行事や生活指導面での共通理解は十分に行われますが、学習指導についても各教科担任から配慮等を要する生徒の情報を共有し、それぞれの教科での状況を把握していくことが大切です。また、学校経営方針を踏まえた学年としての経営方針を協議し、学年全体がそれをもとに学級経営にあたっていくことが求められます。
❷中学校・高等学校では、若手教員に対する学習指導の助言や支援は教科ごとに行う体制を整えていくことが重要になります。生活指導についても、副担任の立場を活用して、具体的な場面で学んでいけるよう、日頃から心がけていくことが求められます。
❸小学校に比べ、教員の持時数が少ないため、空いた時間を活用して学年としてできることが多くあります。どのようなことを行うか計画し、検討しておくことが大切です。

💡 解説

　校務別に担当職務を分担していくことが多くありますが、学年という組織は全ての要素の集約であり、学校運営の中核を担っています。学年単位での活動や行事は多く、運営の中心となるのが学年主任です。また、学習指導や生活指導等においても、学年としての考え方に基づき判断することが多くあり、調整・推進の役割が求められています。そのために、明確な学年経営方針を立て、学年全体への指導を進めていく必要があります。

　小学校の場合は6つの学年があり、主任教諭ではない経験年数の少ない教諭が学年主任を担うこともあります。中学校等では1年生から3年間学年組織を継続することが多くありますが、小学校では年ごとに代わることもあります。

(山田修司)

❯❯ 令和 **7** 年度予想問題② 解答例

特別支援教育（特別支援教室）担当

（1）担当職務における課題

私は、特別支援教室の主任を担当している。

私の職務は、学校長の経営計画の「一人一人に応じた指導を通して生きる力の基礎を培う」ことを、特別支援教室の仕事を通して実践していくことだ。仕事の内容は大別すると三つ。①担当する児童の指導、②教室の他の教員への指導、③通級児が在籍学級で力を発揮することができるように環境調整することである。これらを通して、通級児童の課題を軽減し、児童なりの力を日常の学習や生活に発揮できるようにしていく。そのための課題は以下の二つであると考える。

（課題1）教員個々の指導力の向上

特別支援教育には、専門的な知識や経験が必要である。しかし、教室の他の担任は、特別支援教育に携わるのは初めての教員と新規採用教員である。一人一人の児童との接し方や指導法、在籍学級での授業観察の仕方や担任との連携の仕方、そして保護者対応も含め、指導の質を向上させることが教室としての大きな課題である。

（課題2）ケース会議や打ち合わせの定期的な実施

現在、担任一人あたり〇人の児童を担当し、個別指導やグループ指導を行っている。そして、通級児が在籍学級での課題や問題を軽減することができるように、定期的に在籍学級の担任と情報交換をしている。個々のケースについての指導や、在籍学級担任との打ち合わせ内容や学級での配慮事項などの内容についても、教室として話し合い、よりよい指導を心がけていく必要がある。

（2）課題解決のために

（取組1）OJTとOFF－JTを組み合わせた指導力の向上

OJTでは日常的にケース会議を行い、担当する個々のケースについて、実態把握、指導方針、ねらい、個別指導とグループ指導それぞれについて具体的な指導法を検討し、指導にあたる。そして結果について分析し、次の指導に生かすというPDCAサイクルを徹底する。

OFF－JTは、都や区市の主催する研修会や、臨床発達心理士等の専門家から指導を受ける機会を定期的に設け、指導力向上に努める。

（取組2）報告・連絡・相談の徹底

在籍学級の担任との打ち合わせや、保護者との面談等では想定通りにはいかないこともある。そこで、日常的なケース会議とは別に、週1回時間を取ってケー

ス会議を行い、個々の指導の経過と結果を確認し、保護者との話の内容や在籍学級での通級児童への配慮事項等も含め確認する。また、指導や出来事について、必ず報告し合い、指導や対応が一人の教員だけの判断とならないようにする。そして、管理職や専門家に適宜相談し、よりよい指導ができるようにしていく。

　私は主任教諭として、自分自身も含めた教室の教員が指導力を高め、よりよい指導ができるように、常に取組を振り返り、臨機応変に改善策を立案し、主幹教諭や管理職に指導を受け、一層の充実を図っていく。

【中学校・高等学校・特別支援学校受験者へのアドバイス及び対応】
　本解答例は小学校の「特別支援教室」の事例をもとに作成しています。中学校では、校内委員会の持ち方や対象生徒の教育環境をどう整えるかが課題となります。高等学校でも、特別な支援を必要とする生徒への対応は欠かせません。スクールカウンセラーや専門家との連携が重要となります。また、特別支援学校では障害の種別や程度によって取組は異なると思われます。

　しかし解答例に挙げた研修を通して指導力を向上させていくことや、ケース会議等で指導の共通理解を図ることは、校種に関係なく必要なことです。解答例を参考に、自校の実態に合わせた解答を作成してください。

💡解説

　特別支援教室は、制度的には令和3年4月までに小・中学校全校に導入されました。しかし、配置される教員（講師）が専門的な知識・技能、経験をもった人だとは限りません。特別な支援の内容や具体的な指導法、そして児童・生徒との関わり方などの研修は欠かせません。

　タブレットなどのICTについても、教室でどう活用していくのかは新たな課題です。また、保護者や関係機関との連携についても、教室としてどう取り組んでいくかを具体的に記していきましょう。

（松浦正和）

令和6年度
実施問題

　次の問題について、合計43行（1,505字）以内で述べなさい。ただし、35行（1,225字）を超えること。

　主任教諭、主任養護教諭及び主任栄養教諭は、担当する校務分掌の職務について、同僚や教諭等に助言や支援を行います。

（1）**同僚や教諭等に助言や支援を行うこと**について、あなたがこれまで経験してきた分掌内の職務において、**特に課題となること**は何か、2点挙げて、その理由を述べなさい。

（2）（1）で述べた課題を解決するために、あなたは主任教諭、主任養護教諭又は主任栄養教諭として**どのように取り組むか**、あなたの実践・経験に触れながら具体的に述べなさい。

※太字は編者

▶出題の背景

　新型コロナウイルスによる社会や学校を取り巻く教育環境の急激な変化もようやく収束して2年が経とうとしています。GIGAスクール構想に基づき児童・生徒一人に一台のタブレット型端末が配布され、ICTを活用した授業やデジタル教科書を使用しての授業、また、教員の業務の効率化等が徐々に推進され定着してきました。

　一方で、社会状況の変化とともに、全国的な教員の成り手不足、特に東京都においては深刻な教員不足に陥っています。年度途中で病気休職者や退職者、産休・育休の教員などの欠員が生じた場合、欠員を補充するための臨時的任用教員や講師等が見つからず苦慮する学校が増えてきています。東京都ではこうした状況を解消するために様々な施策を行ってきていますが、困難を抱えている学校もあります。

　学校には、少なくとも病気休職者や早期退職者を出さない学校運営が強く求められています。学校運営上の重要な職務を遂行する主任教諭には、常に同僚や教諭等に助言や支援を行って支え、学校運営を円滑に推進するミドルリーダーとしての役割が、これまで以上に強く求められています。

▶出題のねらい

　令和6年度の問題は、平成28年度・令和2年度に出題された問題とほぼ同じ内容です。ただ、過去の2回出題された頃と現在とでは学校の状況は変わってきています。上記のような背景や勤務する学校の教員の状況を踏まえ、これまで若手教員等を育成してきた経験に基づき「同僚や教諭等に助言や支援を行うこと」について、課題を整理してみましょう。自分が担当する校務分掌の職務の遂行について主任教諭の視点で振り返り、学校運営上の重要な職務を遂行するために「同僚や教諭等に助言や支援を行う」という立場を明確にして論述することが大切です。

（石川清一郎）

❯❯ 令和 **6** 年度実施問題 解答例

教務担当

（1）担当職務における課題

　私は本年度、教務部に所属し、教育課程の進行管理を担当している。校長が編成した教育課程に基づき、全教員が各教科、道徳科、総合的な学習の時間、特別活動等の指導計画に沿った教育活動を確実に行うことが重要である。各教員が授業等を計画通りに進めるだけでなく、自ら職務の遂行を振り返り、よりよく改善していけるよう助言や支援を行っていく必要がある。

　私の担当職務における課題は、以下の２点である。

（課題１）教員一人一人による教育課程の自己管理の推進

　学校教育は主たる教育活動である授業、学校全体が関わる学校行事など、各教育活動の具体的な指導計画に沿って着実に実施することが大切である。各学級での教育活動は週ごとの指導計画を作成して行われている。しかし、各教員は週ごとの指導計画簿を作成して提出しているだけの現状がある。教員一人一人が週ごとの指導等について振り返り、自己管理することが必要である。

（課題２）若手教員の職務遂行における育成

　本校には初任者が○名、教職経験３年次までの若手教員が○名いる。基礎形成期にあたる若手教員のうちから自らの職務に責任をもち、意図的・計画的に職務を遂行するよう育成していくことが大切である。しかし、日々の授業や分掌での担当、週ごとの指導計画簿作成をこなすことで精一杯の状況がある。若手教員の職務遂行について、助言や支援を行う必要がある。

（2）課題解決に向けた取組

　私は主任教諭として、以下のように取り組んでいく。

（解決策１）教員一人一人による自己管理の徹底

　私は管理職の指導を受け、教務主任と相談して「週ごとの指導計画簿の活用」についてのリーフレットを作成する。年度当初の職員会議で全教員に配布し、全教員が記載する共通事項、授業時数等のカウントの仕方について周知する。特に、教員一人一人が週末には指導計画通りに遂行できたかをチェックするよう提案する。指導計画通りに遂行できていなかった場合には、自らの反省点と次週への改善点を必ず記載することを徹底する。また、私は管理職と相談し、全教員が週初めに提出する「週ごとの指導計画簿」に授業時数のカウント等について助言を付して、教員一人一人による自己管理を推進していく。

（解決策２）若手教員の職務遂行を支える人材育成

私は各学年主任及び校内ＯＪＴ担当者と相談し、若手教員の職務遂行の在り方を支える育成計画を策定し提案する。若手教員を対象とした校内ＯＪＴ実施計画の中に、毎月１回、日々の職務遂行についてのミニ研修を設定する。教員としての自らの資質・能力を高めていくために「週ごとの指導計画簿」を活用する研修内容とする。週末の「週ごとの指導計画簿」作成時に、単に記載事項を埋めるだけでなく、その週での学習指導や生活指導等について振り返り、自らの取組を自ら改善していけるよう助言や支援を行っていく。

　私は主任教諭として以上のように取り組み、教員一人一人が教育課程の自己管理を行う円滑な学校運営の推進に力を尽くしていく。

【中学校・高等学校・特別支援学校受験者へのアドバイス及び対応】
　本解答例は、小学校の事例をもとに作成しています。校種の実態に応じて、次のような点に留意しながら表現の変更を考えてください。
　中学校・高等学校では教科担任制による教科指導や学年単位での教育活動、特別支援学校では児童・生徒一人一人の個別の指導計画に基づいた教育活動が行われています。ただ、学習指導要領に示されている目標等を具現化するために教育課程を編成し、教育課程に沿った具体的な教育活動を計画的に実施することは変わりません。教務部の教育課程の進行管理や調整を担う視点から、校種の状況に応じた内容・表記で論述してください。

令和６年度
実施問題

💡 解説

　教務部として教育課程の進行管理や調整を担う視点から、実施状況を踏まえて論述するとよいでしょう。
　新型コロナウイルス感染症の収束を経た現在、学校教育は教育課程に基づいた具体的な指導計画によって進められています。各教科等での学習や特別活動などを計画通りに適切に進めるために、教育課程の進行管理と調整はどの校種においても重要です。そのために、教員一人一人が「週ごとの指導計画簿」を作成して、管理職へ提出しています。
（石川清一郎）

>> 令和 6 年度実施問題 解答例

生活指導担当

（1）担当職務における課題

　私は本年度、生活指導部に所属し、校内における生活指導を担当している。校長より「児童が安心して楽しく生活する学校」が学校経営方針として示されている。学校での生活が、児童にとって楽しく充実した日々となるようにすることが大切である。全学年・全学級において、児童一人一人を受容する児童理解に基づく学級経営が行われるよう助言や支援を行う必要がある。

　私の担当職務における課題は、以下の２点である。

（課題１）児童のファシリテーター（伴走者）としての生活指導の推進

　児童が学校生活を送る主たる場は学級である。学級担任は児童に寄り添い、児童の主体性等を阻害しないように関わり、児童自身が自ら気付いて楽しく生活するよう導くことが重要である。しかし、学校生活におけるルールの指導や問題行動等への対応に終始している現状がある。全教員が児童のファシリテーター（伴走者）として生活指導を行うようにしていく必要がある。

（課題２）若手教員の学級経営についての助言や支援

　児童が安心して楽しく学級での生活を営むためには、学級担任と児童、児童同士の好ましい人間関係に基づく学級を形成することが大切である。本校には初任者から３年次までの若手教員が〇名いるが、児童への指導や対応に苦慮し、学級全体が落ち着いていない学級が散見される。児童への基本的な関わり方や、指導や対応の在り方について、助言や支援を通して支える必要がある。

（2）課題解決に向けた取組

　私は主任教諭として、以下のように取り組んでいく。

（解決策１）全教員の児童に対する基本姿勢の徹底

　私は管理職の指導を受け、生活指導主任と相談して「児童に寄り添う生活指導」のリーフレットを作成する。年度当初の職員会議で全教員に配布し、児童への指導や対応の在り方、児童理解について提案して周知する。また、生活指導主任及び各学年主任と相談して、毎学期１回、休み時間等を活用した全学級での児童との個人面談実施計画を策定して提案する。学級担任と児童一人一人との面談を通して「先生には安心して何でも話せる、相談できる」という関わりを醸成していく。毎学期末に、全学級担任へ児童との個人面談についてアンケートを実施し、成果と課題、改善点を明確にして次回の実施に生かしていく。

（解決策２）若手教員の学級経営や生活指導を支える仕組みづくり

私は各学年主任及び校内ＯＪＴ担当者と相談し、若手教員の学級経営や生活指導の在り方を支える仕組みを策定し提案する。若手教員を対象とした校内ＯＪＴ実施計画の中に、毎月１回、学級経営や生活指導についてのミニ研修を設定する。児童への共感的理解による指導、児童とコミュニケーションをとるときの基本的な姿勢等を指導するとともに、若手教員の悩みを丁寧に聞き取り助言する。また、私は各学年主任の合意を得て、空き時間等に若手教員の学級状況を見て回り、学年の枠を超えて各若手教員への助言や支援を行っていく。

　私は主任教諭として以上のように取り組み、児童が安心して楽しい学校生活を営むことができるよう力を尽くしていく。

【中学校・高等学校・特別支援学校受験者へのアドバイス及び対応】
　本解答例は、小学校の事例をもとに作成しています。校種の実態に応じて、次のような点に留意しながら表現の変更を考えてください。
　全校種の学校の校務分掌には「生活指導部」があります（分掌の名称は学校によって異なるかもしれません）。「生活指導部」は、児童・生徒が安心して安全に、楽しくよりよい集団生活を営めるよう学校全体の生活指導を進行管理するとともに、生活指導を行っていく上での基本的な考え方や姿勢等について、全教員の共通理解や合意形成を図っていくことが大切です。児童・生徒の学校生活を支える「生活指導部」の役割を果たしていくという視点で、所属する学校の実態に応じた内容・表記を心がけてください。

解説

　学校の教育活動で児童・生徒への指導を行う教師に共通的に求められる資質の具体的内容に関連して「ファシリテーション」が示されています（文部科学省「公立の小学校等の校長及び教員としての資質の向上に関する指標の策定に関する指針」令和４年８月、令和７年２月一部改正）。

　これからの教員は授業での学習指導に限らず、児童・生徒が学校での生活を安心して楽しく送ることができるように「ファシリテーター」として児童・生徒を導くことが大切です。学校全体の生活指導をこうした視点から見直し、助言や支援をしていくという論述にするとよいでしょう。　　　　　　　　　　　（石川清一郎）

◎令和**6**年度実施問題 解答例

研究・研修担当

（1）担当職務における課題

　私は本年度より研究主任を務めており、校内研究の円滑な推進を担っている。校長より「教員の授業力を向上させ、主体的・対話的で深い学びを実現する授業づくり」が経営方針として示されている。私の職務は、校内研究を核とした授業改善を推進して具現化し、全教員の授業力を高めることである。全教員が一致して校内研究に取り組み、目指す授業を明確にすることが重要である。

　私の担当職務における課題は、以下の２点である。

（課題１）全教員で目指す授業についての共通理解の徹底

　授業を改善して目指す授業は、「個別最適な学びと協働的な学び」の一体的な充実による「主体的・対話的で深い学び」の具現化である。全教員が目指す授業へ向けた「研究構想」に基づく取組をすることが重要である。しかし、「研究構想」や研究の視点が研究授業等への取組に反映されていない現状がある。全教員による「研究構想」に基づく組織的な校内研究を推進する必要がある。

（課題２）研究授業のＰＤＣＡによる授業改善

　校内研究では研究授業の成果と課題を全教員で共有し、次の研究授業では成果を生かすとともに、課題解決へ向けて改善することが重要である。また、講師の指導・助言等を次の研究授業に反映する必要もある。しかし、研究授業は各分科会に任されており、研究授業が一過性になりがちな現状がある。校内研究の中核である研究授業のＰＤＣＡにより、授業改善を図る必要がある。

（2）課題解決に向けた取組

　私は主任教諭として、以下のように取り組んでいく。

（解決策１）全教員による「研究構想」に基づく研究の徹底

　私は管理職の指導を受けて研究構想図（案）を策定し、各学年主任を加えた拡大研究推進委員会を年度当初に設定する。目指す授業を具現化する研究構想図（案）について忌憚なく意見交換を行い、「研究構想」の共通理解を徹底する。また、研究に関わる部会や各学年での研究授業へ向けた事前検討会に参加し、常に研究構想図に立ち返っての取組となるよう助言・支援をしていく。特に、研究授業の事前検討では、研究仮説に基づく研究の視点に沿った手立てを工夫する授業づくりを共に考えていく。私は、各部会や学年とのコミュニケーションを密に取り「研究構想」に基づく研究の進行管理と調整を行っていく。

（解決策２）ＰＤＣＡによる研究授業の改善

私は、研究授業についての研究協議の在り方を改善する。研究授業自体について単によかった点や改善点を協議するのではなく、目指す授業にどこまで迫れたのかという視点に絞った協議を通して、成果と課題を明確にする。次の研究授業では、成果を生かすとともに課題解決に向けた改善を提案する授業、講師からの指導・助言等を反映した提案授業を徹底していく。また、研究授業の成果と課題や協議会での確認事項、講師からの指導・助言を《共通理解事項》として掲載した『研究だより』を月1回発行し、全教員の共通理解を促していく。

　私は主任教諭として以上のように取り組み、校内研究を円滑に推進して目指す授業の実現へ向けた授業改善を推進していく。

【中学校・高等学校・特別支援学校受験者へのアドバイス及び対応】
　本解答例は、小学校の事例をもとに作成しています。校種の実態に応じて、次のような点に留意しながら表現の変更を考えてください。
　中学校・高等学校では教科担任制による教科指導を行っています。各校種での校内研究では、教科を一つに絞っての研究は難しい側面があると思います。ただ、学習指導要領に示されている「主体的・対話的で深い学び」のある授業への改善が求められていることは共通です。校内研究の円滑な運営や推進を担う研究主任として、研究推進委員会（名称は学校により様々です）を核とした組織的な校内研究を推進することが大切です。研究の進捗状況を常に把握しながら進行管理と調整を行い、助言や支援を行っていく視点から、所属校の研究の現状に応じた論述をするとよいでしょう。

令和6年度 実施問題

🔆解説

　中央教育審議会や学習指導要領で示されている授業の在り方や、これからの教員に求められる資質や能力を踏まえて論述するとよいでしょう。

　特に小学校においては、学校を構成している教員の様々な状況により、教諭が学年主任や研究主任を担当しています。本解答例は研究主任としての論述になっています。研究主任ではなくても、校内研究をリードする学校運営上の重要な役割を担う主任教諭の視点から、同僚や教諭等へ助言や支援を行うことが大切です。

（石川清一郎）

◉令和6年度実施問題 解答例

体育・健康教育担当

（1）担当職務における課題

　私は本年度、教科部会の体育部に所属し体育主任を担当している。私の職務は、学校全体の体育学習の充実を図り、児童の体力向上や健康の保持増進を推進することである。学習指導要領に基づく体育や保健の見方・考え方を働かせ、「主体的・対話的で深い学び」の具現化を図り、児童に体育科で育成する資質・能力を身に付けさせることが重要である。全教員が足並みを揃えて日々の体育学習を実践し、体育科の目標を達成するためには、各学年や教員への助言や支援が必要である。

　私の担当職務における課題は、以下の2点である。

（課題1）各学年における体育学習の充実

　体育学習での「主体的・対話的で深い学び」を実現し、全児童に求められている資質・能力を育成するためには、学年ごとに行う体育学習の授業改善による充実が重要である。しかし、体育科の授業は各学年・学級担任に任されている現状がある。全教員が学習指導要領に基づく体育や保健の見方・考え方や学習過程、指導方法等を共通理解した上で実践していくことが大切である。

（課題2）若手教員の体育学習指導力の向上

　本校には初任者が○名、教職経験3年目までの教員が○名おり、全教員の○％を占めている。学校全体で体育学習の充実を図るためには、若手教員の体育学習指導力の向上は欠かせない。しかし、若手教員の授業では、体育学習における基本的なマネジメントができていない状況が多く見受けられる。若手教員の体育学習指導力を計画的・継続的に育成する必要がある。

（2）課題解決に向けた取組

　私は主任教諭として、以下のように取り組んでいく。

（解決策1）全教員の共通理解に基づく各学年での体育学習

　私は管理職及び教務主任の指導・助言を受け、全教員を対象とした体育学習についての研修を年度当初に行う。体育科の目標、児童に身に付けさせる資質・能力、「主体的・対話的で深い学び」の考え方や基本的な展開について提案する。また、各学年主任と相談し、全学年主任との「体育学習連絡会」を毎月の当初に設定する。各学年が行う毎月の体育学習の指導計画に基づき、運動学習の授業モデル、3年生以上で行う保健学習の授業モデルを提示する。月初めの学年会において、学年主任は授業モデルについての共通理解を図り、各学級担任が

94

共通に実践することにより、学校全体の体育学習の充実を推進していく。

（解決策２）若手教員の体育学習指導力向上を図る支援

私は教務主任と連携して、若手教員の体育学習指導力向上を図る支援計画を策定する。月１回、若手教員を対象とした体育学習の基礎・基本のミニ研修、学期に１回、授業モデルや「主体的・対話的で深い学び」の視点や学習過程等についての研修や模擬授業による実技研修を実施する。

また、私は個々の若手教員と日程調整を行い、空き時間を活用して若手教員の授業観察を行う。観察当日の放課後に、若手教員と共に授業について振り返り、成果と改善点について助言・支援を継続していく。

私は主任教諭として以上のように取り組み、学校全体が一致して体育学習に取り組む運営にリーダーシップを発揮していく。

【中学校・高等学校・特別支援学校受験者へのアドバイス及び対応】

本解答例は、小学校の事例をもとに作成しています。校種の実態に応じて、次のような点に留意しながら表現の変更を考えてください。

❶中学校・高等学校における各教科の指導は、教科担任制による専門性を有する教科担当教員が行っています。各校種において、学習指導要領に示されている体育科・保健体育科の見方・考え方を授業で具現化し、児童・生徒に心と体を一体として捉え、生涯にわたって心身の健康を保持増進し豊かなスポーツライフを実現・継続するための資質・能力を育成していくことが重要です。体育科を構成している全教員の共通理解を図って実践する視点から、所属校の実状に応じた論述をしてください。

🔎 解説

健康教育における重要な一翼を担う体育科では、学校全体で学習指導要領に示されている目標を達成するために、普段の体育学習の充実を図っていくことが求められます。所属校の体育学習の実態を振り返り、学校全体の体育学習をリードする視点から、助言や支援をしていく論述をするとよいでしょう。

新型コロナウイルスによる社会や学校教育の急激な変化を経てきた現在においても、学校教育を通して児童・生徒に「健やかな心身を養う」健康教育はますます重要になっています。

(石川清一郎)

◉令和 **6** 年度実施問題 解答例

道徳教育担当

（1）担当職務における課題

　私は本年度、道徳科主任として学校全体の道徳科授業の充実と円滑な推進を担当している。道徳科の授業では、学習指導要領に示されている内容項目の指導の観点である「道徳性」を育成することが大切である。校長より示された「児童の豊かな心の育成」を具現化するためにも、全教員が足並みを揃えた道徳科授業を実践していくことが重要である。

　私の担当職務における課題は、以下の2点である。

（課題1）❶全教員の共通理解に基づく共通実践の推進

　道徳科の授業を通して児童に「道徳性」を育むためには、全教員が道徳科の捉え方や授業の基本的な展開を共通に理解し、共通に実践することが重要である。しかし、各学級担任は教科用図書を使用して授業は行っているが、指導については個々の教員に任されている現状がある。全教員が、道徳科や授業の在り方について共通に理解し、実践するよう助言や支援をしていく必要がある。

（課題2）❷若手教員の道徳科授業における指導力の向上

　本校には、教職経験が1～3年目の若手教員が全学年に配置されている。校内OJT等により、若手教員の学習指導力等の向上が図られているが、道徳科授業における基礎・基本となる事項や授業の基本的な展開が身に付いていない状況が多く見受けられる。学校全体の道徳科授業を改善して充実するためには、若手教員の道徳科授業における指導力の向上は不可欠である。

（2）課題解決に向けた取組

　私は主任教諭として、以下のように取り組んでいく。

（解決策1）全教員による「道徳科授業の基礎・基本」に基づく授業の推進

　私は管理職及び教務主任と相談して、年3回の「道徳研修会」を企画し実施する。年度当初に「道徳科授業の基礎・基本」についてのリーフレットを作成して全教員に配布し、道徳科の捉え方・授業の基本的な展開等についての共通理解を図る。他の2回の研修会では研究授業を行い、全教員が学びを日常の授業に生かせるよう助言・支援していく。また、私は、管理職、教務主任、各学年主任で構成する「道徳連絡会」の設置を提案する。各学年での道徳科授業実践の進行管理及び調整を行うとともに、成果と課題を共有する。課題解決へ向けた改善点を策定し、全学年での道徳科授業の改善を推進する。

（解決策2）道徳科授業の指導力向上を図る若手教員の育成

96

私は、教務主任及びOJT担当者と連携して、若手教員を対象とした道徳科授業の指導力向上を図るOJT実施計画を策定する。月1回、道徳科の捉え方や授業の基礎・基本についてのミニ研修、学期に1回、道徳科授業の基本的な学習過程を踏まえた研究授業や模擬授業を実施して指導力の向上を図っていく。

　また、私は若手教員個々と日程調整を行い、空き時間を活用して若手教員の授業観察を行う。観察当日の放課後に共に授業について振り返り、成果と改善点について助言や支援を継続することにより、道徳科授業の指導力を高める。

　私は主任教諭として以上のように取り組み、全教員が足並みを揃えて内面的資質である「道徳性」を児童に育むよう力を尽くしていく。

【中学校・高等学校・特別支援学校受験者へのアドバイス及び対応】
　本解答例は、小学校の事例をもとに作成しています。校種の実態に応じて、次のような点に留意しながら表現の変更を考えてください。
❶中学校・高等学校における教科指導は、教科担任制による教科担当教員が行っています。道徳科の授業は各学年の学級担任が指導するのが一般的です。学校によっては学級担任だけでなく、副担任等の教員がローテーションを組んで指導にあたっているところもあります。ただ、道徳科の授業を行う全教員が教科化された考え方や趣旨、道徳科についての捉え方について共通理解し、道徳科授業の基本的な展開をすることには変わりがありません。所属する校種での道徳科授業の実態を踏まえて、学校全体の道徳科授業を推進する役割を担う視点で助言や支援を行うという内容・表記をするとよいでしょう。
❷校種によっては3年次までの若手教員は少ないかもしれません。ただ、学習指導要領にある「道徳教育」についての理解と実践は全ての教員が関わります。校種に応じた内容・表記を考えてください。

令和6年度
実施問題

💡 解説

　各校種の学校では、教科化された道徳科の授業が行われて数年が経過しています。道徳科の趣旨や考え方を道徳科授業で具現化することが大切です。学校全体の道徳科授業の推進役を担う視点で助言や支援を行う論述をするとよいでしょう。

(石川清一郎)

◆令和6年度実施問題 解答例

情報教育（ICT）担当

（1）分掌内の職務における課題

　私は本年度、ICT委員会に所属し、情報教育の推進を担当している。校長より、学校経営方針として「学習者用端末の日常化」が示された。私の職務は日常の授業等の教育活動の中で、学習者用端末の活用が円滑に進むようにすることである。学校全体で校長の経営方針を具現化し、学習者用端末の活用を推進するためには、同僚や教諭等に助言や支援を行うことは欠かせない。

　私の担当職務における課題は、以下の2点である。

（課題1）❶全教員で行うICT活用の日常化

　教員・児童が学習者用端末の特性やよさを体験的に理解するためには、何よりもまず、日常的に使うことが大切である。しかし、授業等でのICT活用は各学年及び教員に任されており、学校全体で統一したICT活用が行われていない現状がある。各教員のICT活用における温度差を解消し、全教員が自信をもってICTを効果的に活用することができるようにする必要がある。

（課題2）ICTを活用した実践の共有

　学校全体でICT活用を推進するためには、ICTの使い方を習得するだけでなく、実際の授業等を通して学習者用端末の効果的な活用を学び合うことが大切である。しかし、全教員で学習者用端末を活用した授業等でのよい実践を共有する機会が設定されていない。全教員が学習者用端末を効果的に活用した授業等を行うことができるよう、学び合う環境を整える必要がある。

（2）課題解決に向けた取組

　私は主任教諭として、以下のように取り組んでいく。

（解決策1）ICT委員会を核としたPDCAサイクルの確立

　私はICT委員会で各学年の委員会メンバーと協議し、各学年の発達段階に応じた学習者用端末の活用方針と活用計画を作成する。管理職や教務主任の指導・助言を受け、年度当初の職員会議で提案して全教員へ周知する。毎月1回のICT委員会において各学年の活用状況を把握し、活用していく上での問題点と対策を共有して、着実に学習者用端末の活用を推進する。また、学校評価のアンケート項目に情報教育や学習者用端末活用についての項目を加えるよう提案する。ICT委員会で評価結果に基づき成果と課題を明確にし、課題解決の改善策を策定して次年度に生かした学習者用端末の活用を推進していく。

（解決策2）授業公開・出張授業と活用ポイントの周知

98

私は、学習者用端末を活用した授業を定期的に公開していく。教務主任や学年主任と授業公開の前に相談し、可能な限り多くの教員が参観できるよう調整を図っていく。同時に、私も空き時間等を利用して同僚や若手教員の授業を積極的に参観し、学習者用端末の効果的な活用について助言していく。また、私は毎月１回、「ＩＣＴ委員会だより」を作成する。「ＩＣＴ委員会だより」には、学習者用端末活用のポイントや活用事例、授業での効果的な実践事例等を掲載し、学校全体に周知していく。私は、各教員の学習者用端末を活用した授業実践を校内に広げ、全教員が自信をもって取り組めるよう支援していく。

　私は主任教諭として以上のように取り組み、学校全体が足並みを揃えて学習者用端末を活用する運営にリーダーシップを発揮していく。

【中学校・高等学校・特別支援学校受験者へのアドバイス及び対応】
　本解答例は、小学校の事例をもとに作成しています。校種の実態に応じて、次のような点に留意しながら表現の変更を考えてください。
❶中学校・高等学校の授業は、各教科の専門性を有する教科担当教員が行っています。また、特別支援学校では、児童・生徒一人一人の状況把握に基づいた指導を行っています。学習者用端末等のICTを活用した授業については、各教科を担当する教員同士で活用方法を相談したり、担当する学年に応じた教材等を作成したりしている状況が多いと思います。ICTを活用した授業改善、学習者用端末を使用しての学びを通して、児童・生徒にどのような力を身に付けさせるのかを明確にした授業を実践することは、全ての校種に求められています。所属する学校でのICTの活用状況を踏まえた上で、主任教諭として助言や支援を行う視点から論述するとよいでしょう。

🔍 解説

　新型コロナウイルスがもたらした学校教育の急激な変化が収束した現在、学習者用端末等のICTを使用した授業等が全校種の学校で定着してきていると思います。ただ、ICTを使うこと自体が目的化してしまっている授業等が散見されます。ICTを活用した「主体的・対話的で深い学び」のある授業改善、ICTを活用してどのような力を身に付けさせるのかなど、学校全体でICTを活用した学びの具現化を推進する視点から、同僚や教諭等へ助言や支援を行うことについて論述するとよいでしょう。

(石川清一郎)

❯❯ 令和 6 年度実施問題 解答例

学年経営担当

（1）担当職務における課題

　私は本年度で教職経験 8 年目となり、第○学年の学年主任を担当している。校長より「全児童の学力向上」「全教員の学習指導力向上」が、学校経営方針として示されている。私の職務は、学年全体が足並みを揃えて経営方針を具現化する学年運営を推進することである。学年を構成する教員個々の経験年数や専門性等を踏まえた助言や支援を行うことが重要である。

　私の担当職務における課題は、以下の 2 点である。

（課題 1）❶学年の共通理解に基づく学習指導の推進

　第○学年という組織での日々の授業等を通して全児童の学力を向上することが、校長の経営方針を具現化することになる。学年を構成する全教員が学習指導等についての共通理解に基づいて実践することが重要である。しかし、各教科の指導計画や使用教材等については確認するものの、授業での学習指導自体は各担任に任されている現状がある。学年という組織として授業展開や指導方法等の共通理解に基づく全学級での学習指導が大切である。

（課題 2）❷若手教員の学習指導力向上

　本学年は、私と初任者、教職経験 3 年目となる若手教員で構成されている。全若手教員の育成は校内ＯＪＴにより行われているが、日常的な助言や支援は学年に任されている状況である。学年会で若手教員への指導・助言はしているが、特に学習指導についての助言や支援に費やす時間は十分ではない。学年全体で成果を上げるためには、若手教員の学習指導力向上は欠かせない。

（2）課題解決に向けた取組

　私は主任教諭として、以下のように取り組んでいく。

（解決策 1）学年会を核とした学習指導における共通指導の徹底

　私は教務主任と相談し、これまで学年会で行ってきた事項を見直していく。学年の教育活動に関わる連絡事項や確認事項については、校務パソコン上の学年掲示板に掲載して各自で確認することを徹底する。週 1 回の学年会においては、週ごとの指導計画簿に基づいて各教科等の指導計画を確認し、授業の展開や指導方法、ＩＣＴの活用場面や活用方法等を協議して合意形成を図る。若手教員の意見を引き出し、学年全員の共通理解に基づく学習指導を徹底していく。また、授業の成果と課題を協議し、改善策を次週の授業に反映していく。

（解決策 2）若手教員の学習指導への日常的な助言や支援

私は初任の頃、自身の授業に不安を感じることが多く、ベテラン教員の授業参観での学びが力になった。私は若手教員と相談し、互いの空き時間を活用して私は若手教員それぞれの授業を、各若手教員は私の授業を参観する日を週1回設定する。私が授業参観を行った日の放課後には、学年会で共通理解を図った学習指導の視点から若手教員へ助言や支援を行う。また、私の授業を参観しての感想や疑問、普段の授業での悩み等を聞き取り助言する。私は若手教員への助言や支援を継続して行い、若手教員の学習指導力を高めていく。

　私は主任教諭として以上のように取り組み、学年全体が足並みを揉えて学習指導を行う組織的な運営にリーダーシップを発揮していく。

【中学校・高等学校・特別支援学校受験者へのアドバイス及び対応】

　本解答例は、小学校の事例をもとに作成しています。校種の実態に応じて、次のような点に留意しながら表現の変更を考えてください。

❶中学校・高等学校・特別支援学校では、各学級・学年を担当する教員は小学校と異なり、各教科を専門とする教員で構成されています。学校の主たる教育活動である各教科の授業は、教科専門の教員が指導しています。各教科部に主任を中心として各学年の学習指導についての意見交換等はあると思いますが、各専門教員に任されている状況が多いと思います。ただ、各学年においては校長の経営方針を受け、学年主任を中心として「目指す生徒像」などの実現を図るために、全学級が足並みを揉えて取り組むことには変わりがありません。所属校の学年運営の実態や状況を踏まえた記述を心がけましょう。

❷若手教員の学習指導力向上については、各教科部で助言や支援が行われていると思います。学年内では、生活指導・進路指導力や外部折衝力などの育成が考えられます。中学校・特別支援学校では道徳科授業、高等学校では道徳教育の指導力向上の視点から論述してもよいでしょう。

令和6年度
実施問題

💡 **解説**

　特に、小学校においては主任教諭となる前の教諭が学年主任を担当しているケースが見受けられます。校長の経営方針を具現化するために学年を構成する各教員の合意形成を図り、学年という組織として足並みを揉えた学級経営や学習指導等を展開していくことが大切です。学年主任の職務を遂行する視点から、同僚や教諭等への助言や支援を行う論述をするとよいでしょう。　　　　　（石川清一郎）

≫ 令和 6 年度実施問題 解答例

特別支援教育（特別支援教室）担当

（1）担当職務における課題

　私は本年度、特別支援教室での指導を担当している。私の職務は、対象となる児童の障害の状況把握に基づく適切な指導をするとともに、学校全体で個々の対象児童への配慮に基づく支援を推進することである。在籍学級においても効果的な指導や支援が行われるよう、特別支援教室における成果を波及していくことが重要であり、在籍学級担任等への助言や支援が必要である。

　私の担当職務における課題は、以下の２点である。

（課題１）「児童の発達の支援」についての共通理解の徹底

　特別支援教室での指導や支援は、対象児童に集団や社会の中での生きる力を育むことを目的としている。全教員が学習指導要領に示されている「児童の発達の支援」の考え方を共通に理解し、指導や支援をすることが重要である。しかし、在籍学級での対象児童に対する理解や支援が学級担任に任されている現状がある。全教員の「児童の発達の支援」の共通理解について徹底を図る必要がある。

（課題２）特別支援教室と在籍学級との連携・協働による支援の推進

　対象児童が身に付けた力を在籍学級でも生かし成長した自分を実感するためには、在籍学級担任の配慮や支援が必要である。しかし、児童が大部分の時間を過ごす在籍学級では生かされていない現状がある。特別支援教室担当と在籍学級担任が連携・協働して、対象児童個々の状況把握に基づく配慮や指導、支援の工夫について共通理解を図り、それぞれの場で適切に実践する必要がある。

（2）課題解決に向けた取組

　私は主任教諭として、以下のように取り組んでいく。

（解決策１）全教員の共通理解を図る場の設定

　私は管理職の指導を受け、教務主任及び各学年主任と相談して「児童の発達の支援」についての研修の場を設定する。年度当初と夏季休業中に実施し「特別な配慮を必要とする児童の理解や指導の在り方」について全教員の共通理解を図る。また、教育相談校内委員会を学年ごとに実施できるよう調整する。各学年に在籍している対象児童個々に応じた対応や支援、指導の工夫について協議し、共通理解を図る助言や支援を行う。全学級に在籍している対象児童の状況把握に基づく「特別な支援の必要性と指導の在り方」について、全教員が同じ考え方で特別支援教育を推進する助言や支援を行っていく。

（解決策２）特別支援教室と在籍学級担任との連携・協働

　私は、対象児童の行動や言動の特性、特別支援教室での指導内容や指導経過などを記載した「連絡カード」を作成する。「連絡カード」は各在籍学級担任の校務パソコン上に掲示して、各担任が常に確認できるようにする。また、各学年主任と相談して「連携会議」を設定する。「連携会議」では、双方の教室での対象児童の状況を共有し、在籍学級での活動内容や指導、支援の方法について合意形成を図る。私は特別支援教室と在籍学級をつなぎ、在籍学級での対象児童に応じた適切な指導・支援を推進する。

　私は主任教諭として以上のように取り組み、学校全体で足並みを揃えて「児童の発達の支援」に基づく特別支援教育に力を尽くしていく。

【中学校・高等学校・特別支援学校受験者へのアドバイス及び対応】
　本解答例は、小学校の「特別支援教室」担当として記述しています。校種や所属の実態に応じて、次のような点に留意しながら表現の変更を考えてください。
　特別支援教育は、児童・生徒が抱えている障害等の状況によって、当該児童・生徒に合った教室や学級、学校での指導や支援を行います。「特別支援教室」の他に、「知的障害特別支援学級（固定学級）」「自閉症・情緒障害特別支援学級（固定学級）」等があります。解答例を参考にして、受験時の担当に応じた内容・表記で論述してください。
　特別支援学校には、様々な障害を抱えている児童・生徒がいます。所属する学校で担当している分掌に応じた適切な表記をしてください。

令和6年度 実施問題

💡 解説

　全教員が一致して取り組むための校内体制づくりや、個と集団の学びを発達につなげる具体的な対応策について、助言や支援を行う視点から論述するとよいでしょう。
　特別支援教育・特別支援教室担当等の主任教諭には、学習指導要領の総則「第4　児童（生徒）の発達の支援」の内容を踏まえ、学級経営の充実、「ガイダンス」と「カウンセリング」の双方によって児童・生徒の発達を支援するという趣旨や考え方を校内に広げ、推進するリーダーシップを発揮することが期待されます。

(石川清一郎)

❷ 令和 **6** 年度実施問題 解答例

養護教諭

（1）担当職務における課題

　私は本年度、健康教育推進部に所属している。校長より「児童の心身の健やかな育成」が示されている。私の職務は、児童が生涯を通して健康で活力ある生活を送るための資質・能力の育成を推進することである。健康教育は、体育科、家庭科及び特別活動の時間や食育における指導を相互に関連させながら行うとともに、日常生活での実践を促すことが重要である。

　私の担当職務における課題は、以下の2点である。

（課題1）組織的な健康教育の推進

　健康教育は、体育科、家庭科及び特別活動の時間や食育における指導などを相互に関連させながら効果的に取り組むことが大切である。しかし、各学年で各教科等の指導計画に基づいた指導は行われているものの、健康教育は学校全体で実践する教育であるという俯瞰的な理解がされていない現状がある。全教員の共通理解を図り、組織的な健康教育を推進するよう支援する必要がある。

（課題2）全教員の共通理解に基づく保健指導及び保健学習の推進

　児童が心身の健康保持増進についての正しい知識を習得するとともに、児童自らが健康な生活を送ろうとする資質や態度を育むことが大切である。しかし、保健指導及び体育科における保健学習の年間指導計画に基づく指導は行われているが、教員の保健指導と保健学習についての理解が曖昧なまま行われている現状がある。全教員の共通理解を図る助言や支援をする必要がある。

（2）課題解決に向けた取組

　私は主任養護教諭として、以下のように取り組んでいく。

（解決策1）健康教育推進部による組織的な健康教育の運営

　私は管理職の指導・助言を受け、健康教育推進部を構成している他のメンバーと共に「健康教育全体指導計画」と各学年の「健康教育年間指導計画」を策定する。体育科、家庭科、特別活動の時間、食育、保健での指導を相互に関連付けた指導計画に基づく健康教育を全学年で実践するよう、年度当初の職員会議で周知する。各学期末には健康教育推進部で、全学年で実践した「運動」「保健」「生活」「食育」の進捗状況や成果と改善点を明確にする。学期末の職員会議において改善策を提示し、各学年で次学期の実践に生かすようにする。また、年度末に健康教育の学校評価を全教員で共有し、次年度の計画に反映していく。

（解決策2）全教員の共通理解による保健指導・保健学習

私は、健康教育の視点から保健指導・保健学習の「ねらい」や健康的な生活習慣についてのリーフレットを作成して、年度当初の職員会議で提案する。また、生活指導主任と連携して各学年の保健指導年間指導計画と指導モデル、体育主任と連携して1単位時間の保健学習の授業モデルを作成して全教員の共通理解を図る。リーフレット・保健指導モデル・保健学習モデルは、全教員の校務パソコン上の掲示板にも掲載して、いつでも確認できるようにする。また、私は毎月の保健指導や保健学習を参観して各教員への助言や支援を継続していく。

　私は主任養護教諭として、児童が望ましい健康習慣を身に付け、生涯を通じて心身ともに健康で安全な生活を送る基礎を育む健康教育を推進する。

【中学校・高等学校・特別支援学校受験者へのアドバイス及び対応】
　本解答例は、小学校の事例をもとに作成しています。解答例では、主任養護教諭に求められている役割の視点から、担当職務を選択して論述しています。校種の実態に応じて、次のような点に留意しながら表現の変更を考えてください。
　「健康教育」の充実・推進は全校種に求められています。学習指導要領に示されている考え方や内容を踏まえて、学校全体で組織的に推進することが大切です。養護教諭としての職務の視点から「健康教育」にどのように関わるかを考え、論述するとよいでしょう。

令和6年度
実施問題

💡解説

　所属校における養護教諭として担っている職務について、学校運営上の重要な役割を担うという視点から同僚や教諭等への助言や支援を行うことについて論述するとよいでしょう。
　児童・生徒の養護をつかさどる養護教諭には、健康診断、保健指導、救急措置などの日常的な職務に加えて、専門性と保健室の機能を最大限に生かして、心の健康問題にも対応した心身の健康の保持増進を図ることができる資質・能力が強く求められています。教育基本法（学習指導要領）に示されている「健やかな身体」を育むために、養護教諭として関わることは、より一層期待されています。

（石川清一郎）

》令和 6 年度実施問題 解答例

栄養教諭

（1）担当職務における課題

　私は❶栄養教諭として健康教育推進部に所属し、児童に健やかな心身を育成する食育の推進を担当している。校長より「健康教育の充実」が経営方針として示されており、児童が「食」についての正しい知識を習得して自らの食生活を振り返り、実践しようとする態度を育むことが大切である。全教員が食育に関して足並みを揃え、学校全体で組織的に食育を行うことが重要である。

　私の担当職務における課題は、以下の２点である。

（課題１）❷全教員の共通理解に基づく組織的な食育の推進

　「食」についての指導は、家庭科・体育科・給食の時間での指導を相互に関連させながら効果的に取り組むことが大切である。しかし、各教科での「食」に関する指導や給食の時間での指導は、各学年・学級に任されている現状である。全教員が健康教育の視点から食育について共通に理解し、学校全体として組織的に食育を推進していく必要がある。

（課題２）各学年と連携した給食の時間を生かした食育の推進

　児童たちにとって、学校での一番身近な「食」は給食である。給食の時間は、単に児童たちへ昼食を提供するだけでなく、各学年の学級担任が望ましい食生活等について触れることが大切である。しかし、給食の時間は各学級担任に任されており、「食」について触れる指導は見受けられない。私の専門性を生かし、各学年と連携した給食の時間の充実を図っていく必要がある。

（2）課題解決に向けた取組

　私は主任栄養教諭として、以下のように取り組んでいく。

（解決策１）健康教育推進部による組織的な食育の推進

　私は管理職の指導を受け、健康教育推進部による食育の推進を提案する。年度当初に、生活指導及び家庭科主任と相談して児童の「食生活実態調査」を実施する。調査結果の分析・考察に基づいて「食育全体計画」及び各学年の「食育指導計画」を策定し、健康教育推進部で合意形成を図る。健康教育推進部において、全学年が全体計画に基づく各学年の指導計画に沿った食育の進捗状況を把握し、成果と課題を共有して改善していく。健康教育推進部で課題解決へ向けた改善点を協議し、全学年で生かすよう助言する。また、年度末に「食生活実態調査」を行い、学校全体で児童の変容を共有して食育を推進する。

（解決策２）各学年と連携した給食の時間での食育

私は、各学年の発達段階に応じた給食の時間での「食育ワンポイントレッスン」を作成する。月初めの学年会に参加できるよう各学年主任と時間調整し、「食育ワンポイントレッスン」を活用して給食の時間で「食」に触れるよう助言や支援をしていく。各教員の校務パソコン上にも掲示し、常に確認して給食の時間に生かせるようにする。また、私は毎月１回、各学年・全学級の給食の時間を参観し、学級担任と連携して児童への「食育ワンポイントレッスン」を行っていく。私は給食の時間を生かした食育を校内に広げていく。

　私は主任栄養教諭として以上のように取り組み、学校全体での組織的な食育の推進に貢献できるよう職責を果たしていく。

【中学校・高等学校・特別支援学校受験者へのアドバイス及び対応】

　本解答例は、小学校の事例をもとに作成しています。校種及び配置先の実態に応じて、次のような点に留意しながら表現の変更を考えてください。

❶栄養教諭は、学校における食育を推進する重要な一員として、その役割を担うことが期待されていることは、どの校種においても同じです。所属校における食育の指導体制や推進の現状を踏まえ、食育を推進するリーダーとしての視点から助言や支援をしていく論述をするとよいでしょう。

❷中学校・高等学校は教科担任制であり、食育担当者との連携・協働による組織的な食育の推進の視点で、校種に応じた内容・表記を心がけてください。

令和６年度 実施問題

💡 **解説**

　各校種の「学習指導要領解説・総則編」にある「健やかな体」を育成する考え方や、単元や題材などの内容に基づく食育を推進するために、主任栄養教諭としてどうリーダーシップを発揮していくかが大切です。学校全体の食育を俯瞰して見直した現状把握に基づいて、どのように組織的に食育を推進していくかという視点から論述するとよいでしょう。　　　　　　　　　　　　　（石川清一郎）

令和5年度 実施問題

　次の問題について、合計43行（1,505字）以内で述べなさい。
ただし、35行（1,225字）を超えること。

　主任教諭、主任養護教諭及び主任栄養教諭には、**主幹教諭
を補佐しながら、校務分掌における学校運営上の重要な職務
を遂行すること**が求められています。

（1）このことについて、特にあなたの担当する分掌内の職務
　　において**課題となること**は何か、2点挙げて、その理由を
　　述べなさい。

（2）（1）で述べた課題を解決するために、あなたは主任教諭、
　　主任養護教諭又は主任栄養教諭として**どのように取り組む
　　か**、あなたの実践・経験に触れながら具体的に述べなさい。

※太字は編者

▶出題の背景

　令和4年8月に改正された国の指針を踏まえて、東京都教育委員会は令和5年2月に「東京都公立学校の校長・副校長及び教員としての資質の向上に関する指標」を改定しました。

　この改定では、教職に必要な素養について、新たに「特別な配慮や支援を必要とする子供への対応」と「デジタルや情報・教育データの利活用」が加わりました。これは、急速に変化する学校教育の中で生まれた新たな課題に迅速に対応するためと言えます。同時に、職層の表記の変更（主幹教諭について教育管理職候補を分けた点）や職層ごとに「求められる役割や能力」も変更されました。主任教諭については、求められる能力や役割が下の表のように改定されました。新たな課題に対応するために、主任教諭・主幹教諭のミドルリーダーの役割の重要性が見て取れます。

策定年度	平成29年7月版	令和5年2月改定版
成長段階	主任教諭（充実期）9年目～	主任教諭（充実期）9年目～
求められる役割や能力	○校務分掌などにおける学校運営上の重要な役割を担当する。 ○同僚や若手教員への指導的役割を担う。	○主幹教諭を補佐しながら、校務分掌などにおける学校運営上の重要な職務を遂行する。 ○教育指導の専門性を活用し、校務を処理するとともに同僚や教諭等に対して助言や支援を行うことができる。

▶出題のねらい

　令和5年度の出題は、上記の指標改定版の「主任教諭に求められる役割や能力」の最初に加えられた「主幹教諭を補佐しながら、校務分掌などにおける学校運営上の重要な職務を遂行する」を考えさせるねらいが見て取れます。「主幹教諭の補佐」は令和2年度の出題の中にもありましたが、今回は「補佐」するだけでなく、「補佐しながら……重要な職務を遂行する」ことまで求められています。主任教諭として、より自律的に職務を遂行していく姿勢を問うねらいがあると言えます。

（宮澤晴彦）

❖ 令和 5 年度実施問題 解答例

教務担当

1．担当職務における課題

　私は今年度 5 年生を担任し、所属する教務部では「高学年の教科担任制」の運営・連絡調整を担当している。校長は、東京都が推進する「教科担任制」を生かした「主体的・対話的で深い学び」の充実を経営方針に挙げており、私はその具現化に向けて教務主任である主幹教諭の指導の下、時間割の設定や高学年の担任及び専科教員との連絡調整を行っている。ただ、教科担任制に取り組むことに戸惑いを感じている教員もおり、円滑な運営に向けての課題も多い。

（課題 1）教科担任制のメリットの共通理解の不足

　教科担任制の円滑な実施のためには、一部の教員による取組とすることなく、学級担任・専科教員をはじめ全ての教職員により組織的に取り組むことが不可欠である。そのためには制度のメリットを共通理解する必要がある。管理職及び教務主幹は、制度導入の趣旨・目的を明確にし、丁寧な説明をしているものの、学級担任制に慣れた教員の意識を変えるには至っておらず、現状では、教科担任制の効果が十分に発揮されているとはいえない。

（課題 2）互いの専門性を高めるための連携・協力体制強化の必要性

　教科担任制の授業改善には、学級担任と専科教員等が、授業の質の向上に向けて、相互に学び合いながら教科の専門性を高めることが重要である。しかし、日常の業務に追われ、児童に関する情報共有を含めた教師間の連携を深める余裕がないのが現状である。教務主幹の設定する打ち合わせの有効活用や授業準備の効率化による負担軽減を実感できるようにしなければならない。

2．課題解決に向けた取組

（取組 1）教科担任制のメリットを共有する場の設定

　教科担任制のメリットとして①授業の質の向上、②多面的な児童理解、③教員の負担軽減などが挙げられる。これらに加えて、教科担任制の取り組み方を模索している教員が必要としていることは、有効な指導方法の情報である。そこで私は、主任教諭として、教科担任制を先行して実施している他校の取組や文部科学省作成の教科担任制事例集から本校で活用できる実践例を積極的に紹介する。これにより教科担任制のメリットの共有を図るとともに、互いの授業改善に生かせるように助言していく。同時に、実践して効果の上がった例を他学年の教員に伝え、学校全体で教科担任制を推進していく意識を高めていく。

（取組 2）教員間の連携・協力体制を強化する場の設定

教科担任制を円滑に進めるためには、学級担任と専科教員等の密接な連携が必要であり、日常的に情報を共有し合い、授業改善に生かすことが大切と考える。私は、教務主幹が設定する学年・専科合同連絡会の内容面を充実させる話し合いの観点として、互いの指導の振り返りを重視した教材研究や個々の児童のよさに関する情報共有を提案し、教科担任制のメリットを実感できるようにしていく。また、自ら担当する教科担任制に係る時間割の設定の工夫により、学級担任と専科教員が連携できる時間を生み出していく。同時に校務ＰＣを活用し個々の児童の学習状況の共有化や評価事務の一元化を図るなど、業務の効率化による負担軽減策を考え、教科担任制の円滑な運営を図っていく。

　私は、主任教諭として以上のように取り組み、主幹教諭を補佐しながら、教科担任制の成果につなげ、校長の経営方針の具現化に力を尽くしていく。

【中学校・高等学校・特別支援学校受験者へのアドバイス及び対応】
　教科担任制である中学校・高等学校の場合は、総合的な学習（探究）の時間をどのように進めていくかを考えていくとよいでしょう。総合の場合は、教科等横断的な学びとなり、学年で方向性と取り組み方の情報共有を密にすることを論じることができます。その際は、生徒の主体的な学びをいかに充実させていくのか、そのための教師の連携について具体的な方策を示すことができるとよいでしょう。

　また、どの校種においても大切とされる「確かな学び」や「学力の向上」は、教育目標や校長の経営方針のどこかに位置づけられていると考えられますので、その具現化に向けて、主任教諭として何ができるのかを日常的に考え、論述に入れ込んでいけるとよいレポートになります。

令和５年度
実施問題

💡 解説

　東京都教育委員会は、小学校における教科担任制について、令和４年度からモデル校を決めてその実施と効果検証を行い、毎年、加配人事（専科教員）を伴う推進校を増やしてきています。そして、教科担任制推進校（モデル校）からの声として、教科担任制のメリットは、指導力の向上、児童理解と組織対応の充実、働き方改革（ライフ・ワーク・バランス）を挙げています。なお、令和６年に作成されたガイドラインで、令和10年度までに、都内の公立小学校（12学級以上）全てに導入することが公表されています。

　自分が受験する自治体の教育関連事業（特に学力向上や心の育成）には必ず目を通して、その内容との関連をどこかに記述できると評価も高まります。

（宮澤晴彦）

❯❯ 令和5年度実施問題 解答例

｜生活指導担当｜

1．担当職務における課題

　生活指導は学習指導と並んで学校の教育目標を達成する上で重要な役割を果たすものである。今年度、私は生活指導部に所属し、生活指導副主任として主幹教諭である生活指導主任を補佐しながら、アフターコロナの安心・安全の生活環境づくりを担っている。児童の発達上の多様性や家庭環境の複雑性による問題行動、不登校傾向の児童も増えているなか、その対応に難しさを感じている教員も多い。このような現状の本校において、児童にとって安心・安全な学校づくりを実現させるための優先課題は以下の2点である。

（課題1）一貫した生活指導についての共通理解の不足

　本校では、毎週行う生活指導連絡の夕会で日々の生活上の問題点を共有し、解決策を検討しているが、起きた問題への対症療法が中心となってしまう面がある。そのため、今後は生活指導上の問題の未然防止や早期発見に向けた指導及び児童の自己指導能力の育成などについて、全教員が共通理解し、発達段階に応じて一貫した指導を行っていく必要がある。

（課題2）諸問題の迅速な解決のための組織マネジメントの改善の必要性

　深刻化、多様化する生活指導の諸問題については、学級担任が一人で問題を抱え込まずに学年・特別支援教育担当教員・生活指導部、関係諸機関等が協力し、チームで機動的に対応することで解決が早まる。ただ、日々報告される問題は多岐にわたり、同時期に複数起こることもあり、チーム対応が難しく個別対応せざるを得ないため、生活指導主任の業務量も増大している現状がある。

2．課題解決のための取組

（取組1）児童が自己指導能力を身に付ける生活指導への改善

　生活指導は、目の前の様々な問題を正しい方向に導くために指導・支援することと同時に、児童が自己理解に基づき主体的に課題を発見し、その解決のために他者を尊重しながら、自らの行動を決断し実行する「自己指導能力」を育てることも大切である。これは、道徳教育や特別活動の学習と密接に関わっており、学年・学級で起きている諸問題を発達段階に応じて児童と一緒に考える姿勢を全教員で共有し、一貫した指導をすることで効果が高まる。私は、教務及び生活指導主任に相談し、令和4年改訂の生徒指導提要を活用したOJT研修を企画し、児童の心に寄り添い、児童の自己指導能力を高める実践事例を紹介するとともに、校内で有効であった支援・指導事例を集約し生活指導連絡会

で広めていく。さらに、指導に悩む若手教員を生活指導に関わる授業等に招き、児童の主体性を高める工夫を一緒に考え合う機会を設け、育成を図っていく。

(取組2) 教員間の連携・協力体制を強化する場の設定

生活指導連絡会の報告には、不登校やいじめ・暴力行為等の問題行動の他に児童虐待等の難しい案件もある。私は、生活指導主任の補佐として、報告された案件をどのレベルのチームで対応するか対応案を迅速に作成し、管理職・主幹教諭に提案するとともに、関係教職員の役割分担や進め方を含めたマネジメント役を担っていく。さらに対応が難しい場合のSCやSSW等の専門的な職員や関係機関との連絡調整も進んで行い、組織的な対応の強化に取り組んでいく。

私は主任教諭として生活指導の問題の未然防止、早期発見・支援・対応に加え、改善・回復、再発防止まで一貫した支援・指導に重点を置いた組織体制をつくることに全力を尽くし、安心・安全な学校づくりに貢献していく。

【中学校・高等学校・特別支援学校受験者へのアドバイス及び対応】

小学校の事例として記しましたが、生活指導の内容は中学校・高等学校にも通じるものです。特に、令和4年に文部科学省が改訂を行った「生徒指導提要」は、その意義や目的、指導方法が詳細に書かれていることから、目を通してレポートに生かせるとよいでしょう。

中学校・高等学校では、学年で指導・支援を行うことが多くなりますが、課題を学校全体で共有しておくことは大切です。主幹教諭を補佐しながら、どのような機会を設定していくのか、各学校の実態に応じて提案できると高く評価されます。

また、中学校・高等学校においては、薬物乱用防止教室や自殺防止教室など専門性のある関係機関、地域などの協力を得ながら、社会全体で子供たちの成長・発達に向け包括的に支援していくことの必要性も意識できるとよいでしょう。

令和5年度
実施問題

💡解説

生徒指導上の課題が複雑で深刻になるなか、何よりも子供たちの命を守ることが重要であり、全ての児童・生徒に対して、学校が安心して楽しく通える魅力ある環境となるようにしなければなりません。その際、学校の教職員が、同じ方向性で一貫した指導・支援を行うことが大切であり、組織マネジメントも必要です。また、事案に応じて、学校だけでなく家庭や地域、専門性のある関係機関などの協力を得ながら、社会全体で子供たちの成長・発達に向け包括的に支援していくことを考えなければなりません。

レポート作成にあたっては、最近の法律等の改正(こども基本法、「生徒指導提要」等)を意識した記述ができると評価も高くなるでしょう。

(宮澤晴彦)

≫ 令和5年度実施問題 解答例

研究・研修担当

1. 担当職務における課題

私は今年度、研究副主任として主幹教諭である研究主任をサポートする立場となり、校内研究推進の職務を担っている。本校は、「主体的に探究活動に向かう児童の育成」を主題とし、生活科・総合的な学習の時間を窓口に、探究学習の充実を目指している。ただ、昨年度と今年度の異動で教員が大幅に入れ替わるなか、これまでの研究の継続と研究成果を日々の授業改善に生かしていく意識の低下が危惧される。私は、研究主任をサポートする立場から以下の2点を課題とし、その解決に取り組む。

（課題1）「子供に任せる」学習スタイルに対する認識の格差の拡大

年度当初、研究主任は全教員に対して、本校がこれまで積み上げてきている研究の中心である「子供に任せるファシリテーターとしての教師の役割」に関する説明を丁寧に行っている。しかし、転入した教員や若手教員の中には、授業の転換を求められることへの戸惑いを感じている人もいる。研究を円滑に推進させるためには、児童の主体性を伸ばす授業改善について、共に考える機会を設ける必要がある。

（課題2）研究成果を日常の授業改善に生かすCAサイクルの改善の必要性

校内研究では、年間計画に基づいて各学年・専科が年度内に1回の研究授業を行い、年度末にその成果と課題をまとめ、次の年に生かしている。研究主任のリードで研究授業ごとに研究推進委員会で成果と課題をまとめているものの、自分の学年の研究授業が終わると傍観者的になる教員もおり、互いの授業の成果を取り入れきれていない面もある。互いの研究授業の成果を日々の授業改善に迅速に生かす新たなC（チェック）A（改善）が必要である。

2. 課題解決に向けた取組

（取組1）取組を共通理解するためのOJTの企画と授業公開の推進

私は研究副主任として、研究主任の説明を補完するOJTミニ研修会を企画し、異動してきた教員や若手教員の率直な疑問と不安を出し合う対話の時間をつくる。その際、私自身の総合的な学習の時間の普段の授業を見に来てもらったり、昨年度の研究授業の動画からポイントになる場面を提示したりして、より具体的な話ができるように工夫していく。また、空き時間を活用して、若手教員の授業支援を積極的に行い、その中で、子供の主体性を大切にした指導の仕方を一緒に考え、研究の方向性の共通理解を図る。

（取組２）互いの研究授業を日々の授業改善に取り入れるシステムの構築

　私が以前勤めていた企業では、日々の業務の中で生まれたアイデアや改善策で効果的なものをすぐに配信し、互いに効果検証と報告をするシステムがあった。この経験を生かし、主任教諭として互いの研究授業を生かした授業改善を広めていく。具体的には、研究授業の単元終了後に発行する「研推便り」に、実践した手立ての効果と児童の変容を掲載する。他の学年・専科は、自分たちの授業に生かせる手立てを挙げた上で取り組み、効果を検証し、校内ＬＡＮの研究フォルダに入れていく。こうすることで、研究授業で取り組んだ手立てと効果を迅速に自らの学年の授業改善に生かそうとする姿勢が生まれる。さらに、年度末の研究のまとめに反映させることで、研究の継続につなげることができる。

　私は、主任教諭として以上のように取り組み、主幹教諭の研究主任を補佐しながら、校内研究の活性化による教師の意識改善に力を尽くしていく。

【中学校・高等学校・特別支援学校受験者へのアドバイス及び対応】
　小学校の事例として記していますが、どの校種においても研究を担当する主任教諭は、校内研究を円滑に推進させる重要な役割を担っています。そこでは、児童・生徒や教員の実態に応じて学校として取り組むべき課題や研究の方向性等を全教員が共有するための具体策を考え、共同実践につなげていくことが大切になります。中学校・高等学校は教科担任制のため、研究内容が特定の教科にはならないことが多いと思いますが、研究テーマに向かう方法や評価の在り方等は、互いの専門性を生かし合うことで共通理解できるはずです。
　主任教諭として学校全体を視野に入れ、学年や教員の連携を図り、協働的な研究にしていく役割に着目して論述することが大切です。記述の際は、学年団をつなぐための策として、OJTミニ研修会の企画のほか、校内LAN等ICTのフォルダや職員室内の研究掲示板を活用した実践内容の共有など、実現可能な案を入れることに留意してください。

令和５年度
実施問題

💡 解説

　校内研究は、各学校の教育目標の実現に向けて、児童・生徒の実態をもとに、教育課題の解決のため全教職員で取り組む重要な活動です。しかし、ともすると研究推進委員など一部の教員で進められ、各教員の研究の方向性の認識に格差が生じてしまうこともあります。主任教諭として、教員の研究に向かう意識とよりよい授業を求めて改善を続けようとする意欲を高めるために主幹教諭をどう補佐していくのか、より具体的な方策を挙げることが重要となります。　（宮澤晴彦）

❯❯ 令和 **5** 年度実施問題 解答例

┃ 特別活動担当 ┃

1．担当職務における課題

　私は今年度、特別活動部に所属し、主に児童会活動・クラブ活動を担当している。特別活動は、学校における様々な集団活動の中で、児童が集団や自己の課題の解決に向けて取り組む活動であるが、長く続いたコロナ禍により、児童の自主的な活動が制限されてきた。校長は、経営方針に「アフターコロナの教育活動の充実」を掲げ、行事等の円滑な実施とそれらの活動を通した豊かな心の育成を目指している。私は、この方針の具現化に向けて、以下２点の課題解決に取り組む。

（課題1）アフターコロナにおける特別活動の共通理解の不足

　本校では、コロナ禍から徐々に従来の特別活動の姿に戻りつつあるが、これまでの取り組み方を踏襲し、教師主導の取組から転換できずにいる面も見られる。行事等を含めた活動内容をコロナ禍で精選してきたよさを残しながら、児童の主体性を伸ばす機会にしていくことが大切であり、取り組み方の方向性や改善について全体で共有することが必要となる。

（課題2）特別活動の指導の仕方に悩む若手教員の育成

　新規採用者を含む若手教員は、教科指導・生活指導・教育相談に関する研修のウエイトが高いため、特別活動に関することは、学年で指導・助言することが多くなる。児童会活動やクラブ活動は、若手とベテランで担当することが多く、若手育成を行う大切な場であるが、特別活動の内容を固定的に考えてしまうベテランもおり、児童の自主的・実践的な態度を育成する本来の特別活動の在り方が浸透していかない面も見られる。

2．課題解決のための取組

（取組1）児童の主体性を育む特別活動の目的と方向性の共有

　運動会や学習発表会などの行事は、特別委員会で前年度から様々な検討が行われるが、委員会活動やクラブ活動、児童集会等は、年度当初に教育計画で確認する程度となっている。そこで、本校の児童の実態に即した特別活動のねらいの再確認と指導の一貫性が大切となる。私は、特別活動部会で「児童の主体性を育成する本校の取組」を確認するとともに、各学年の発達段階に応じて指導できるように具体案を作成する。また、本区や東京都の特別活動研究会で情報交換した中から、自校に生かすことのできる取組を精選して、資料提供を行っていく。さらに、従来の取組を改善する案を複数考え、管理職・主幹教諭に指

116

導を仰ぎ、正しい方向での改善につながっていくのか精査した上で、部会や職員会議で提案し、確実な実施につなげていく。

（取組２）中堅・ベテランと若手教員の双方向の高め合いの促進

　私は、担当する委員会・クラブ活動において、個々の教員が協働して「子供の思いや願いを中心に据えた活動」を行う手立てを考え、その実践を通して若手育成を行っていく。そのために、まず、委員会・クラブ活動の実施計画に児童の自主的・実践的な態度を育成するための工夫の観点を加え、それに連動した新たな活動シートを作成する。それを一覧表にして全体に配信することで互いの工夫に気付き、さらによさを取り入れ合うことで、児童の主体性を伸ばすことへの意識を高めていく。また、中堅・ベテラン教員と若手教員の組み合わせで考え合うことにより、指導の基礎・基本の伝達と新たなアイデアの創出という双方向の高め合いのよさにつなげ、指導の充実を図っていく。

【中学校・高等学校・特別支援学校受験者へのアドバイス及び対応】

　小学校の事例として記しましたが、特別活動の内容は中学校・高等学校にも通じるものです。現行学習指導要領では、「特別活動全体を通して、自治的能力や主権者として積極的に社会参画する力を育てることを重視し、学級や学校の課題を見いだし、よりよく解決するため話し合って合意形成すること、主体的に組織をつくり役割分担して協力し合うことの重要性」が明確にされました（解説・特別活動編）。中学校・高等学校における生徒主体の活動でどのような資質・能力を育成していくのかを自校の実態にあわせて考えていくことが大切です。

　また、学習指導要領に新たに入れられたキャリア教育の視点を意識し、特に高等学校の教育活動全体で行うキャリア教育の要としての特別活動の意義が明確にされていることを押さえておく必要があります。その上で、キャリア・パスポートにより小学校から中学校、高等学校へと系統的なキャリア教育を進めることが大切とされていることなどを学校全体で理解できるような働きかけをすることも主任教諭の重要な役割となっています。

令和５年度
実施問題

💡 解説

　主任教諭として特別活動の全体計画や各活動及び学校行事の年間指導計画を作成する際に、これまでの活動の振り返りをもとにした改善点を全教職員が共通理解できるような機会や手立てを具体的に考えられるとよいでしょう。その際には、今回の実施問題のテーマである「主幹教諭の補佐」を意識し、主幹教諭や管理職への報告・連絡・相談を大切にしながら、主任教諭として積極的に取り組む姿勢を示すことができると高い評価につながるでしょう。

（宮澤晴彦）

◉ 令和5年度実施問題 解答例

教科担当（算数科少人数指導）

1．担当職務における課題

　私は教職経験8年で、現在の学校は2年目となる。今年度、算数の少人数指導の担当として3年生から6年生までの習熟度別指導を行い、所属する教務部では、学力向上委員会の授業改善プラン作成の職務を担っている。本校児童の学力は、全体としては都の平均に近いが、算数では学力格差が大きい。校長の経営方針には「確かな学力の定着」がトップに挙げられており、私はその具現化に向けて教務主幹の指導のもと、算数少人数指導の改善と充実を目指している。

（課題1）「個別最適な学び」の視点の共通理解の必要性

　「主体的・対話的で深い学び」の実現に向けた少人数指導の授業改善では、指導方法や指導体制の工夫により、「個に応じた指導」の充実を図ることが重要となる。しかし、個々の教員の「指導の個別化と学習の個性化」についての共通理解が弱く、個別最適な学びに向けた一貫性のある指導につながっていない面がある。学力調査と意識調査の結果の分析を基にした「個に応じた指導」の内容の見直しを、担任・専科教員で協働的に行い、改善プランに反映させるとともにその効果の検証を考えていく必要がある。

（課題2）若手教員の授業力の向上

　習熟度別算数少人数の指導を充実させるためには、個々の教員の確かな授業力はもとより、教員間の連携した指導が重要である。しかし本校は、若手教員が多い上に日常の様々な業務に追われ、教材研究や授業の振り返りを一緒にする時間が取れない。そのため、授業改善プランの内容が必ずしも授業に反映されず、学力格差につながっていると考えられる。

2．課題解決に向けた取組

（取組1）授業改善の視点を共有する機会の設定

　「個別最適な学び」の確実な推進のためには、これまで以上に子供の成長やつまずきなどの理解に努め、個々の興味・関心・意欲等を踏まえたきめ細かな指導や支援が重要となる。そのために私は、教務主幹に相談し、学力調査と意識調査のクロス集計をもとにした「学年・専科合同分析研修会」を6月と1月に行う。このときに「主体的・対話的で深い学び」を実現させる「個に応じた学び」の視点を示してプランの作成を進め、その完成に合わせて「指導の個別化と学習の個性化」に関する全体研修会を開催し、共通理解を図っていく。また算数では、私自身が毎月各学年の進行状況を把握した上で振り返りシートを

作成し、各学年会に出席して教材提供を行っていく。

（取組２）相互の授業観察による若手教員の育成

　私は、若手教員の育成に向けて、教材研究を行うミニＯＪＴの時間枠の設定を教務主幹に提案し、毎月実施していく。そこでは、習熟度別指導で活用できる児童の学びを深める指導方法の研究やＩＣＴを活用した教材作りを行い、それぞれ実践後に報告し合う共同研究型の研修にしていく。考え合ったことを実践し、児童の学びの深まりから成果を実感することで教材研究への意欲が高まり、若手の授業力の向上につながると考える。さらに、ここでの成果を他の教員にも配信し、学校全体で共有できるようにしていく。

　私は主任教諭として以上のように取り組み、主幹教諭を補佐しながら学校全体の指導の改善を図り、経営方針の「確かな学力の定着」を実現していく。

【中学校・高等学校・特別支援学校受験者へのアドバイス及び対応】

　本解答例は、小学校の事例をもとに作成していますが、中学校や高等学校でも少人数・習熟度別指導は行われています。この習熟度別指導が効果を生むためには、何よりも教員の協働的な取組としての授業づくりや教材研究を行う必要があります。教科担任制の中学校・高等学校においても、指導体制の工夫による連携指導を考え、その中で若手教員の育成を図る具体策を論述できると高く評価されます。

　また、今回の実施問題のテーマである「主幹教諭の補佐」について触れる必要があります。主任教諭の立場から現状の課題と解決策を主幹教諭に提案するとともに、自らが実践していく取組を具体的に論述しましょう。

令和５年度
実施問題

💡 解説

　令和２年に東京都は、各学校が効果的な習熟度別指導を実施するために、習熟の程度に応じた学習指導等に関わる指導方法・指導体制及び校内での推進体制等をまとめた「習熟度別指導ガイドライン（改訂版）」を出しています。

　そこでは、児童・生徒が、主に各学年段階の基礎的・基本的な内容を確実に身に付けていくための「補充的な指導」や、学習をより進めていくための「発展的な指導」など、個に応じた指導の充実が不可欠であり、これを全ての学校において効果のあるものとする必要があると指摘されています。

　この内容を全教員が共通理解し、組織的に指導の工夫・改善を図ることが大切であり、その実現に向けて主任教諭として具体策を考え、提案することができるとよいレポートになります。

（宮澤晴彦）

❷ 令和 5 年度実施問題 解答例

教科担当（生活科・総合的な学習の時間）

1．担当職務における課題

　私は今年度3年生を担任し、所属する教科部会では、生活科・総合部の主任として、児童の主体性を培う教科等横断的な学びの充実を目指し、地域の学習材と人材の活用促進の職務を担っている。本校の児童の主体的に学習に取り組む態度を育むための協働的な学び合いを学年の発達段階に応じて推進させるためには、組織的・系統的な指導を学校全体で共有し、連携して推進させる必要がある。そのために私は、以下の二つの課題を設定し、その解決に取り組んでいく。

（課題1）成果の共有と組織的に取り組む意識の向上の必要性

　校長は、経営方針の一つに「地域の人・もの・ことの有効活用による主体的な学びの充実」を掲げており、各学年の生活科・総合的な学習の時間の授業改善は、これまでも継続的に行われ成果も上げてきている。しかし、新規採用者の増加や教員の異動によって、地域連携教育の意義や方向性の共有が薄れてきている。また、学校課題を自分事として捉えられず、地域の学習材と人材を活用した授業改善の意識が高められない教員もいる。

（課題2）若手教員の授業力の向上

　教科等横断的な学びの視点で授業改善を行うためには、個々の教員の授業力の向上が必要である。特に、各教科で身に付けた力を生活科・総合的な学習の時間で生かし、反対に総合で培った探究的な学び方が各教科でも活用されていくといった双方向の視点での授業改善が大切となる。しかし、本校は、初任者を含めた若手教員が多く、総合的な学習の時間の実践経験も浅いため、授業改善の具体策に戸惑っている面が見られ、そのサポートを丁寧に行う必要がある。

2．課題解決に向けた取組

（取組1）成果の再確認と新たな取組の創出

　取組の成果を共有し、それを生かして授業改善につなげていくことで教師の意識改革を図るため、私は研究主任に意見交流ワークショップのOJTミニ研修を提案し実践する。そこでは、取組の成果の確認のみならず、互いの疑問や新たに取り組みたい内容を出し合うワールドカフェ方式の意見交流を行い、学校の課題を自分事の課題にしていく。また、職員室に教員向けの探究・地域学習用の掲示板を設置し、各学年で関わっている地域の素材・人材・行事等の情報を載せ、互いの情報を共有しあう。この地域の素材・人材情報は共有フォルダに蓄積し、年度が変わっても誰もが活用できるように整備していく。

120

（取組２）相互の授業観察による若手教員の育成

　若手教員にとって難しいと感じる「教科横断の探究的な学びの指導法」の改善を図るためには、教師の指導と支援の在り方を考えることが重要となる。特に生活科や総合的な学習の時間では、学年でテーマを共有することが多く、学年内で進め方を考え合うことになる。私は生活科・総合部の主任として、各学年が授業構想について検討する際に活用できるように、地域の学習材（人・もの・こと）や取組履歴、他校の実践事例をタイムリーに提供していく。さらに、空き時間に若手教員の生活科や総合の授業参観を行い助言するとともに、私自身の授業を若手教員に公開し、授業後に指導と支援の在り方をミニレクチャーすることで育成を図っていく。

　私は、主任教諭として以上のように取り組み、主幹教諭を補佐しながら、成果につなげ、校長の経営方針の具現化に力を尽くしていく。

【中学校・高等学校・特別支援学校受験者へのアドバイス及び対応】
　小学校の事例として記しましたが、「総合的な学習の時間」の考え方は、中学校・高等学校にも通じるものです。中学校・高等学校においても「主体的・対話的で深い学び」の実現に向けた授業改善の推進や学習の効果の最大化を図るカリキュラム・マネジメントに努めることが学習指導要領に明記されています。
　特に学校ごとに総合的な学習の時間の目標を定め、実現を目指さなければならない点や他校種（小学校や高等学校等）との接続を視野に入れ、連続的かつ発展的な学習活動が行えるよう目標を設定することも求められています。そのためには、学校全体で育てたい資質・能力を明確にし、共有することが大切となります。
　教科担任制の中学校・高等学校では、学年団で進めていくことが中心となりますが、学年の重点やつながりを全体で共有する方策を論じることができるとよいと思います。その際、今回の出題テーマである「主任教諭としての主幹教諭の補佐」に向けて自らが何をしていくのか、具体的に記述することに留意しましょう。

令和5年度
実施問題

💡 解説

　総合的な学習の時間の取組には学校間に大きな格差があり、未だに本来の趣旨を実現できていない学校もあります。これは、試行錯誤を含む探究的な学習の進め方に対する教員の理解不足や指導力不足、学習目標の設定に対する意見の違いのほか、学級担任の負担感などが背景として考えられます。そういった課題を解決し、学校として「探究的な学び」をいかに充実させていくのか、カリキュラム・マネジメントの一層の推進や教員の連携協力体制の構築を考えていく視点が重要となります。主任教諭として、学校全体の取組状況を俯瞰して見ることができる力量を高めることが、これまで以上に必要になっています。

（宮澤晴彦）

◉令和5年度実施問題 解答例

学校図書館担当

1．担当職務における課題

　私は今年度、国語部に所属し、図書主任として児童の読書活動推進の職務を担っている。校長からは「主体的・対話的で深い学び」の充実のために、読書を通じた「読み解く力」の向上と学校図書館の情報センター機能の充実を託されている。私はその具現化に向けて教務主幹の指導のもと、学校図書館の活用の推進と教員の指導力の向上を重点に考えているが、新たな取組に消極的な教員もおり、円滑に推進させるための課題は多い。

（課題1）読書指導の内容の共有と指導力の向上

　「確かな学力」の向上に向けて、児童の読み解く力を高めることは、大変重要であり、読書活動は重要な役割を担っている。私は、図書主任として教務主幹並びに図書館司書と連携して読書活動の年間指導計画を作成し、周知を図ってきている。しかし、若手教員の中には、具体的な指導方法が分からず、図書の時間は自由に読ませるだけで終わらせている姿も見られる。若手を含めて個々の教員の読書指導力の向上を図る必要がある。

（課題2）学習・情報センターとしての機能の理解不足

　本来、学校図書館は、学習・情報センターの機能を有しているが、その理解が不十分で、図書の時間に本を読ませる場としか考えず、それ以外の活用方法を知らない教員も多い。教室での授業で学んだことを確かめ、広げ、深めるために、関連する資料を集めて、自分の考えをまとめるなど、児童の主体的な学習活動の場としての学校図書館の活用を広めていく必要がある。

2．課題解決に向けた取組

（取組1）若手教員の指導力向上に向けたＯＪＴの設定

　読書は、国語力を構成している「考える力」「感じる力」「想像する力」「表す力」「国語の知識等」のいずれにも関わり、これらの力を育てる上で中核となる。この点について個々の教師の共通認識を深め、読書指導の充実を図るためのＯＪＴ研修会の企画を教務主幹に提案する。ここでは、年間指導計画の共有はもとより、図書館司書と連携した読み聞かせやブックトーク、近隣図書館との連携の仕方などをテーマに、具体的な実践につながる内容を出し合い、発達段階に応じた指導が系統的に行えるようにしていく。さらに、図書主任として学校図書館が読書活動の拠点となるような環境整備を、図書委員会の児童や図書ボランティアの保護者と連携して推進していく。

（取組２）学習・情報センター機能の推進

　学校図書館は、「読書センター」としての機能と児童の主体的な学習活動を支援する「学習・情報センター」としての機能を有している。そして、学習指導要領の総則には「指導の改善・充実のため、それぞれの教員が、学校図書館の機能を有効に活用するスキルを身に付けていくことが大切」と示されている。私は、この学習・情報センターとしての機能を充実させるため、ＩＣＴを活用した情報の探し方やデジタル資料の使い方を教えるマニュアルを作成し、学校図書館での利用指導の取組の中で、その活用を図っていく。また、児童が学習に使用する資料や、児童による学習の成果物などを分かりやすく展示し、児童自身が学校図書館を活用するよさを実感できるような環境整備も図っていく。

　私は主任教諭として以上のように取り組み、主幹教諭を補佐しながら、学校図書館の活用の充実を図り、校長の経営方針の具現化に力を尽くしていく。

【中学校・高等学校・特別支援学校受験者へのアドバイス及び対応】

　本解答例は、全教科を担当する小学校の事例をもとに作成してあります。しかし、読書指導や学校図書館の機能は、校種にかかわらず共通しているものです。特に、中学校・高等学校の場合、学校図書館が「学校教育の中核」たる役割を果たすよう期待されている面もあり、その充実は組織的に行っていくことが重要です。

　また、学校図書館法において、学校図書館は、教員のために図書館資料の収集・整理・保存、供用を行う施設としても位置づけられていることから、今後は、図書館司書と連携して生徒と教員が共に学べる図書館への転換を考えてもよいと思います。レポートの作成にあたっては、新しいことへのチャレンジを自らの取組として論述できると、高く評価されます。

令和5年度 実施問題

💡 解説

　学習指導要領（総則）において、指導計画の作成等に当たって配慮すべき事項として、「学校図書館を計画的に利用しその機能の活用を図り……児童（生徒）の自主的、自発的な学習活動や読書活動を充実すること」とされています。

　特に教育課程との関連を踏まえた学校図書館の利用指導・読書指導・情報活用に関する各種指導計画等に基づき、計画的・継続的に学校図書館の活用が図られるよう求められている点にも留意していくことが大切です。レポートでは、論述の根拠となる法や規定に触れることができると説得力も高まります。（宮澤晴彦）

123

❷ 令和**5**年度実施問題 解答例

食育（健康教育）担当

1．担当職務における課題

　私は本年度、健康教育推進部で食育を担当し、学校全体の食育の計画とその推進の職務を担っている。しかし、本校では近年、基本的な生活習慣、特に食習慣の乱れからくる健康課題が目立つようになってきている。こうした課題に適切に対応するため、私は、栄養士と連携し、児童に望ましい食習慣を身に付けさせ、健康的な生活習慣につなげていくことを目指している。

（課題1）好ましい食習慣の確立に対する共通理解の不足

　本校の健康課題は、栄養摂取の偏りや朝食欠食といった食習慣の乱れ等に起因する肥満や生活習慣病、食物アレルギー等と多岐にわたっている。そのため私は、栄養士と連携して、学校給食・食育の年間指導計画を本校の児童と家庭の実態に合わせて改訂し、年度当初に周知を図っている。しかし、年度当初は教職員全体で確認する教育計画が多く、保健給食に関する共通理解はアレルギー対応に限られ、食育の組織的な推進の重要性の共有が難しい。

（課題2）食育の授業改善の必要性

　個々の教員は基本的生活習慣の中の食習慣の大切さは理解していても、保健学習や学級活動の内容と関連付けた指導の工夫がなされていない面も見られ、児童の好ましい食習慣の確立につながらない現状がある。食育の授業改善を図っていくためには、児童の発達段階に応じた指導の系統性を考え、児童の主体的な学びにつながる課題解決型の授業を共通して実践していくとともに、実施後の振り返りを次の授業に生かしていく必要がある。

2．課題解決に向けた取組

（取組1）食育の重要性の共通理解とC（チェック）A（アクション）の改善

　食育を学校全体で組織的に推進させるためには、児童の実態と課題を共有し、系統性をもって指導を行うことが大切である。年度当初の教育計画の確認だけで共通理解を図ることは難しいことから、教務主幹に相談し、毎月実施しているOJT研修の内容に位置づけ、全教員で本校の食育の重点と実施後の振り返りの必要性を再確認する。これまでも、年間指導計画等のPD（プラン・実施）は行われてきているが、C（チェック）とA（アクション）については、不足していたため、今後は教員の負担にならないチェックシートを配信し、その結果を次年度のプランに反映させていく。また、「給食便り」に学校における食育の取組を紹介し、家庭と連携した望ましい食習慣の推進を図っていく。

124

（取組２）栄養士と連携した授業改善

　食に関する指導にあたっては、「学校教育活動全体として効果的に取り組むことが重要」（学習指導要領解説　総則編）であり、その指導の工夫が求められている。私は、健康教育における食育担当として、児童の実態や指導場面に即したリーフレットや教材資料を作成し各学年に配布していく。また、栄養士と連携したモデル授業を公開し、その有効性を実感してもらい、他学年に広げていく。さらに、若手教員の授業支援に入りながら、授業後にミニレクチャーを行い、若手の授業力向上に努めていく。

　私は、主任教諭として以上のように取り組み、主幹教諭を補佐しながら、学校全体で健康教育を推進するという職責を果たしていく。

【中学校・高等学校・特別支援学校受験者へのアドバイス及び対応】
　本解答例は、小学校の事例をもとに作成しています。小・中学校では、ほぼ給食が実施されていますが、高等学校では実施されていないため食育の充実には課題もあります。ただ、高等学校においても学習指導要領総則に「学校における食育の推進……指導については、保健体育科、家庭科及び特別活動の時間はもとより、各教科・科目及び総合的な探究の時間などにおいてもそれぞれの特質に応じて適切に行うよう努めること」とされており、保健体育の教員や養護教諭と連携した指導を考えていく必要があります。その際は、生徒自身が自分事として食生活を考え、改善を図っていく実践的な指導の工夫を論述できると評価も高まります。
　また、今回の実施問題は「主幹教諭の補佐」に触れる必要があり、組織としての取組を考えて示していくことが大切になります。

令和５年度
実施問題

💡解説

　給食の実施方法（自校給食・センター給食）や栄養士・栄養教諭の配置などは、校種によって異なります（栄養教諭が配置されている割合は、全国平均61.1%、東京都6.7%。文部科学省調査2024）。しかし、「健やかな体」を養う点で食育は、どの校種にあっても重要な指導内容となります。そして、各校の実態に即して、栄養士や栄養教諭と連携した指導の大切さを学校全体で共有していくことが大切です。
　主任教諭として、管理職の指導の下、主幹教諭を補佐する観点をもちながらも、教員の意識を高めるために自ら実践できることを具体的に考え提案できるとよいレポートになります。
　　　　　　　　　　　　　　　　　　　　　　　　　　　　　（宮澤晴彦）

❯❯令和5年度実施問題 解答例

特別支援教育担当

1．担当職務における課題

　今年度、私は特別支援学級（情緒固定学級）の3年生及び4年生の担任となり、同時に特別支援教育コーディネーターの職務も担っている。情緒固定の特別支援学級が設置されている本校で特別支援教育を推進させるためには、教員の指導・支援力の向上と教員間の連携による組織的な指導体制の確立が重要である。特にインクルーシブ教育の実現に向けて特別支援学級の児童と通常の学級の児童の交流及び共同学習の推進が求められるなか、教職員全体の特別支援教育に対する共通理解は必須となっている。

（課題1）教職員の特別支援教育に関する専門性の向上

　障害のある児童に対する指導・支援を充実させるためには、全ての教職員がインクルーシブ教育に基づいた教育課程を理解し、個別の指導計画や個別の教育支援計画に沿って一貫した指導・支援を行うことが大切である。しかし現状では、各教員間の認識の差は大きく、特別な支援を要する児童への指導・支援に難しさを感じる教員も多く、全教職員の特別支援教育に関する理解の促進と専門性の向上が課題となっている。

（課題2）特別支援学級と通常の学級の交流及び共同学習の促進

　特別支援学級の児童と通常の学級の児童が交流及び共同学習をすることは、学校全体の教育活動の活性化と互いの豊かな人間形成につながっていく。ただ、この場合の指導・支援について、関わる教員間の共通理解を深めておかないと児童の有意義な活動につながらない。固定学級と通常の学級の教員、専科教員等の全教職員がその意義と目的を共有し、それぞれの立場で指導の工夫をするとともに、互いの成果を共有することが必要である。

2．課題解決に向けた取組

（取組1）特別支援教育の理解と専門性の向上を図るOJTの工夫

　本校では、通常の学級と特別支援学級の教育計画について年度当初に確認を行っている。ただ、新規採用者や異動者が多く、特別支援教育の理解の促進や交流及び共同学習の共通理解ができているとは言い難い。そこで私は、毎月実施しているOJT研修に、特別支援教育の内容を学期に一回加えることを管理職・教務主幹に提案する。そして主任教諭として研修内容の計画及び講師の依頼等を行い、教務主幹を補佐していく。研修内容を考える際には、全教職員に事前に本校の特別支援教育の取組に関するアンケートを行い、個々の教員が自分事

として特別支援教育に向き合えるようにし、研修の充実を図っていく。

(取組２) 交流及び共同学習を促進させる教員間の連携・協力体制の構築

　交流及び共同学習を円滑に進めるためには、特別支援教育担当者と学級担任・専科教員の密接な連携が不可欠である。特に、個々の児童の個別の指導計画や個別の教育支援計画を共通理解するとともに児童の状況を日常的に共有し、それぞれの活動場面の指導改善に生かすことが大切となる。私は、特別支援教育コーディネーターとして、校内委員会でその月の交流及び共同学習の計画を示し、事後はその効果の振り返りを共有できるようにしていく。また、校務ＰＣの掲示板には、交流及び共同学習の欄を新設し、交流及び共同学習のねらいや留意点を載せ、全教員が共有できるようにしていく。

　私は、主任教諭として以上のように取り組み、主幹教諭を補佐しながら、特別支援教育の充実を図り、校長の経営方針の具現化に力を尽くしていく。

【中学校・高等学校・特別支援学校受験者へのアドバイス及び対応】

　障害のある生徒については、自立と社会参加に向け、高等学校段階まで一貫した教育支援を継続して行っていくことが極めて重要です。平成19年に施行された改正学校教育法には、高等学校においても障害のある生徒に対し、障害による学習上又は生活上の困難を克服するための教育を行う旨が明記されているのです。

　高等学校においては生徒指導部や教育相談部等の校内組織が機能している場合が多く、これら既存の校内組織を活用して特別支援教育体制の確立を図ることも一つの方策となります。ただし、高等学校における特別支援教育が、特別支援教育コーディネーターをはじめとした一部の教員による取組にならないようにしなければなりません。主任教諭として、学校組織全体の取組として考え、校務分掌への位置づけの明確化や職務内容の教職員への周知・理解を図ることの必要性に着目して論述できるとよいでしょう。

令和５年度
実施問題

💡 解説

　全国の小・中学校と高等学校で通級指導を受ける児童・生徒は、令和４年度約20万人（前年度＋14,464人）と年々増加しています。これは、発達障害が広く認知され、支援策となる通級指導の必要性を理解する保護者が増えたことによります。その充実を図るためには、どの校種においても教員間の正しい理解と組織的・継続的な取組が重要であり、さらに多様な学びの場の連携を考えていくことが必要です。なお、高校生の通級指導は、平成28年度に制度化され平成30年度から実施されていますが、実際に指導を受けているのは全国で2,000人ほどにとどまっており（令和４年度）、高等学校における特別支援教育の推進は今後さらに重要になってきます。

（宮澤晴彦）

127

◉令和 **5** 年度実施問題 解答例

養護教諭（学校保健担当）

1．担当職務における課題

　私は養護教諭として体育・保健部に所属し、学校全体の保健管理とともに健康教育推進の職務を担っている。特に本年度は、教育目標の一つである「健やかな心と体」の育成が経営方針の重点に位置づけられており、職責の重さを感じている。私はこれまでの経験を生かし、保健主任である主幹教諭を補佐しながら、学校全体で健康教育を推進し、全ての児童が健やかに成長できる環境づくりを目指したいと考えている。その実現に向けての喫緊の課題は、以下の2点である。

（課題1）好ましい生活習慣の確立に関する共通理解の欠如

　ここ数年で児童数が増加し、家庭環境や生活習慣が多様化するなか、基本的な生活習慣の乱れからくる体調不良の児童が増加している。しかし、教員の中には、適切な運動と食事、十分な休養・睡眠等の基本的生活習慣の大切さは理解していても、保健学習や学級活動の内容と関連付けた指導が適切になされていない実態もあり、児童の好ましい生活習慣の確立につながらない現状がある。

（課題2）心の不安から保健室に来室する児童の増加

　児童を取り巻く環境の変化に伴い、人間関係の悩みや学力への不安、家庭生活の乱れなど、児童が抱える心の問題は複雑化しており、保健室に来室する児童や保健室登校の児童が増加している。組織的に健康教育を推進するためには、校内における支援を要する児童の情報共有と心の健康に関する教育の充実がこれまで以上に求められている。

2．課題解決に向けた取組

（取組1）児童の生活習慣の実態の共通理解と啓発のための教材作成及び実践

　健康教育を学校全体で組織的に推進させるためには、教員が連携して一貫した指導を行うことが大切である。現在私は、毎学期の初めに児童の健康生活アンケートを実施し、その結果を教員に周知しているが、今後はその結果を受けて改善に向けた指導に生かせる資料を提供していく。そして、毎月行っているＯＪＴ研修の中に「児童が自らの生活習慣を主体的に考えていく学習の工夫」を全教員で考えることを管理職・主幹教諭に提案し、学校全体での一貫した指導体制を整えていく。また私自身、自校の実態に即した健康リーフレットや教材に生かせる資料を作成し、担任と連携した授業モデルを提案・実践していく。

（取組2）心の健康教育を推進するための保健学習・保健指導の改善

保健室では、病気やけがの対応のほか、児童の不安や悩みなど、心のケアも行っている。また不登校気味の児童の居場所としての機能もある。本校では、毎週の校内委員会で不安を抱える児童の情報共有を行い、スクールカウンセラーとの連携も十分に機能しているが、それに加えて、学校教育全体で児童の心の健康に関する授業や保健指導を提案していく。私自身、保健指導においてストレス対処法や心のリフレッシュ方法を取り上げる。また、各担任には、発達段階に応じたコミュニケーションスキル向上のための指導や多様な価値観を認め合うことの大切さについての指導も心の健康増進につながることを伝え、年間指導計画に組み込むとともに、具体的な指導方法を助言していく。

私は、主任養護教諭として以上のように取り組み、これまでの経験と知識を生かし主幹教諭を補佐しながら、学校全体で健康教育を推進し、児童の心身の健康を守り、育んでいくという職責を果たしていく。

【中学校・高等学校・特別支援学校受験者へのアドバイス及び対応】

本解答例は、小学校の事例をもとに作成してありますが、中学校・高等学校においても、健康診断、保健指導、救急処置などの職務に加えて、専門性と保健室の機能を最大限に生かし、心の健康問題の対応を担う点は同じです。

中学校・高等学校における保健学習は、保健体育の教員が中心となりますが、養護教諭の専門性を生かして他の教員と連携した指導を行ったり、学校配置のスクールカウンセラーやスクールソーシャルワーカーを活用した健康相談を考えたりしていくことも大切です。生徒の不安や悩みなどの問題を学校全体で共有し、心の健康のケアを組織的に行っていくリーダー的立場であることを意識して論述できると高く評価されます。

令和5年度
実施問題

💡 解説

養護教諭は、専門的立場から全ての児童・生徒の保健及び環境衛生の実態を的確に把握し、疾病はもとより、体力、栄養に関する問題等、心身の健康に問題のある児童・生徒の指導にあたる重要な職務です。特に、児童・生徒の身体的不調の背景にあるいじめ・虐待などのサインにいち早く気付くことのできる立場にあります。

最近では、保健室登校などの不登校傾向の児童・生徒の受け入れを担うこともあり、養護教諭の健康相談活動が一層重要な役割をもってきています。この視点を踏まえ、管理職の指導の下、主幹教諭、保健主任と連携して綿密な調整を行いながら、児童・生徒及び職員の健康の保持増進を図ることを大切にしてください。

(宮澤晴彦)

令和4年度
実施問題

　次の問題について、合計43行（1,505字）以内で述べなさい。ただし、35行（1,225字）を超えること。

　主任教諭、主任養護教諭及び主任栄養教諭には、担当分掌において、自分の担当する業務の進捗状況を確認しながら分掌全体の進行管理をすることが求められています。

（1）このことについて、あなたの担当する分掌において、**特に全体の進行管理を行う上で課題となることは何か**、2点挙げて、その理由を述べなさい。

（2）（1）で述べた課題を解決するために、あなたは主任教諭、主任養護教諭又は主任栄養教諭として**どのように取り組むか**、あなたの実践・経験に触れながら具体的に述べなさい。

※太字は編者

▶出題の背景

　令和4年度はコロナ禍にありましたので、新型コロナウイルス感染症の対応をしていく上で「全体の進行管理」が取り上げられたことはもしかしたら関連があるのかもしれません。このことは定かではありませんが、各学校がそれぞれの分掌業務の進捗状況を把握しながら全体の進行管理をしていくことは、これまで以上に重要となっていることは否定できません。それを怠ることや調整等が不十分な場合、学校全体、保護者等にも大きな影響が出てきます。そのため、主任教諭等にも課題を明確にし、それにどのように取り組み、改善していくのかを問うことになったと考えられます。

　また、GIGAスクール構想により、学校内のインターネット環境が劇的に変化し、そのことを分掌の進行管理に役立てていくことが求められています。教員の働き方改革の推進においても、これまで一定の会議体において話し合いを大切にしながら進めてきたことが、逆に時間の有効活用に反することにつながってきました。そのことを改善していくためにも、情報共有と職務の進行管理をこれまでにない形に改善していく必要から、このような出題になったことが想定されます。

▶出題のねらい

　平成30年度にも「担当する職務において、担当する業務の進行管理や調整を図る上で、課題となることは何か」という問題が出されています。この4年の間で学校を取り巻く環境は激変し、主任教諭には状況の把握と明確なビジョンをもった職務遂行がこれまで以上に求められています。特にこの問題では、進行管理だけでなく業務の進捗状況の確認も加わっています。そのことも念頭に置いて論述する必要があります。

　これまで教諭としても業務の進行管理にあたる機会は多々あったと思います。課題意識をもってその経験を振り返り、主任教諭としての立場を明確にして、具体的で効果の見える内容を述べていくことが求められています。（山田修司）

❯❯ 令和 **4** 年度実施問題 解答例

教務担当

（1）課題

　現在、主に教務担当として教務主任を支える職務を担っている。２校目の異動で初めて教務担当となり、経験豊かな主幹教諭に指導していただいている。任される仕事が増え、若手教員への助言などを行う機会を考えながら、責任をもって職務にあたっている。現任校の課題は以下の２点が挙げられる。

（課題１）各分掌の業務の進行管理体制づくり

　教務担当として、❶授業時数や時間割、学校行事の調整等を行っている。対象が広範囲に及ぶため、各学年や担当者と情報交換を行い、意向を確認しながら全体を調整していくにはどうしても時間がかかってしまう。効率的な進め方が求められており、その体制の構築が課題となっている。

（課題２）進行管理のための会議の時間の有効活用

　学校には❷様々な形の会議体が存在しており、時には教員の授業準備や児童への指導などの時間確保に影響の出ることもある。調整のための会議の設定や内容を見直し、有効な時間活用をすることによって、進行管理等の職務の改善につなげることが課題となっている。

（2）課題の解決のために

　１点目の課題については、各分掌担当に任されていることが多いが、教務担当が全体の状況を把握し、調整していくことが大切になってくる。授業時数や時間割の管理はあらかじめクラウド上にフォーマットを作成し、そこに入力することによって、関わりのある人が閲覧し、質問等があれば双方向で共通理解する場をつくりだす。加えて、その記録をもとに定期的に全体での振り返りの会を設定し、直接的に課題を解決し改善していく場とする。さらに、会の内容も対話を基盤として進めていく必要のある内容に限定し、時間を有効に利用する。

　私は教務担当として、これまでも記録の蓄積方法や閲覧については、メール等を活用し、直接教員が集まらなくても調整できる体制を築いてきた。ただ、それを補うためにも各担当と短時間でも確認、調整するようにしていくことが大切である。何を協議し、どのような方向で進めていくのかという視点で自分の担当職務を見直すことで、効率的な組織運営とその時期に応じた課題解決を進めていくことができる。

　次に２点目の課題である会議等の精選については、教務担当として現在取り組んでいる課題である。学校における働き方改革は喫緊に解決すべきことであり、

132

ライフ・ワーク・バランスの観点からも教員の勤務についての見直しが求められている。学習指導や授業準備、児童への直接的な指導の場面を除けば、時間的な余裕を見つけるには、校内の会議や委員会、学校行事等の打ち合わせなどの精選や時間の有効活用が必要となってくる。そこで、会議の内容や時間、実施回数、出席者などから、個々の会議や打ち合わせを必要度によって分け、その場に集まるのか、資料の共有により時間を削減するのか、校内のインターネット環境を活用するのかなど、適切な会議体を構築し、進行管理にも役立てていく。また、長期休業を活用できる場合もあるので、集中的な会議実施も可能としていく。

　今できることは変革の意識をもっての改善である。時間の有効活用がゆとりのある教育活動につながると考えている。常に個々の職務の進捗状況を把握していくことは大切であるが、効率的な運営も合わせて行う必要がある。

【中学校・高等学校・特別支援学校受験者へのアドバイス及び対応】
❶教科担任制をとる中学校や高等学校では、同じ教科の担任が中心となって進行管理を行うことが多いと思いますが、学年や教科の枠を超えた全体把握も重要です。学年主任や教務の担当者としての連携体制の構築の方法には多少の違いがあり、また学校規模によっても工夫が必要となってきます。
❷学校の種類や規模によって会議体は異なるので、そのことを十分に理解して課題解決策を考える必要があります。特に、中学校等では学年を中心とした組織があり、学校全体での連携を考えていく必要があります。特別支援学校では小学部・中学部・高等部などに分かれていることが多く、それぞれの独立しがちな組織の連携・調整をどう図っていくかの課題があります。

令和4年度
実施問題

💡 解説

　教務担当は学校全体の運営の中心として職務を遂行することが多く、教務主任である主幹教諭や校長・副校長の意向を十分に受け止めた課題解決を目指すことが求められます。分掌の進捗状況を把握し、分掌全体の進行管理を行うことは教務担当として重要な職務の一つであり、様々な情報や状況をもとに、これからの方向性を確立していくことも求められます。自分がこの課題解決にどのように関わり、改善の道筋をたどっているのかを明確にしていくことは、当然のことながら具体的な取組につながります。

　実際に成果となったことやこれから目指そうとしている内容など、レポートを読んだ人が具体的場面を想起できるようなものになるよう工夫しながら述べていくことが大切です。

（山田修司）

133

》令和4年度実施問題 解答例

生活指導担当

（1）課題

　現任校では生活指導を担当、主幹教諭である生活指導主任を支える職務である。校長の学校経営方針に「児童が主体的学習に取り組み、互いのよさを認め合う学校づくり」が示されている。この内容を生活指導面から全校的に取り組むため、私は分掌組織の進行管理において次の2点の課題解決を図る。

（課題1）若手教員の指導力向上

　現任校の教員の約半数は教員経験5年未満の若手教員であり、様々な児童に対する生活指導の力量に不安がある。学級経営や保護者対応などの情報を把握し、適切な助言態勢の構築や指導力向上のための計画的・組織的な体制の確立が急務となっている。

（課題2）生活指導に関する情報の一元化の体制づくり

　生活指導は、❶学級内での指導について、個々の教員の主体性や力量に任せる場面も多く、教員による指導の違いを指摘されることもある。現在、各学年や学級で何が課題となり、どのような支援を必要としているのかを把握するなかで、情報を整理し、的確な支援の方向性を提示する体制が求められている。

（2）課題解決に向けた取組

（解決策1）若手教員の研修体制の構築

　若手教員が生活指導面でどのようなことに悩んでいるのかを情報収集、分析し、体系化する。それをもとに各主任教諭と担当職務との関係を明確にしながら、研修体制を構築していく。その上で、❷研修の内容・時期・対象などの情報を一覧にした年間の研修計画と個人別の研修計画を作っていく。さらに、実行した内容と振り返りを一定期間に行いながら途中での修正等にも対応していく。研修は、年齢的にも近く、共通した経験内容も多くある主任教諭を中心に行うことで、段階的な力量向上を目指す。

　特に生活指導上の内容についてはOJTを中心とし、事例や実際の対応に即応する形での指導を進めていく必要がある。個々の若手教員と情報を共有し、どの場面でどのような助言や支援が必要となるのか、その結果がどうであり、今後の方向性をどのようにしていくかなどについて、生活指導主任や研修担当主任教諭と話し合い、研修の進捗状況を見ながら、次のステップに進んでいくようにする。生活指導面での力量のアップは児童や保護者からの信頼を得るとともに、安定した学級経営につながっていく。

134

（解決策2）情報共有の体制づくりと活用

　学年の発達段階の違いや個々の児童の状況によって生活指導の方法は様々である。その内容が適切なものになっているかどうかを見極めることも大切になってくる。私は主任教諭として、各学年の生活指導担当と協働し、課題となっている状況や困難な対応例などの学年ごとの情報を収集し、学校全体の生活指導の在り方として分かりやすい形でまとめる。この情報をもとに、担任だけでなく、各学年の生活指導担当と支援体制や内容について話し合い、具体的な指導ののちに振り返りを行い、次の方策を考える道筋を付けていく。このようにすることで具体的対応策が積み上がり、その内容を参考にしながら指導にあたることで、個々の教員の指導内容の充実を図ることができる。全体的な進行管理が、多様化する生活指導の課題解決や目指す学校像の具体化につながっていくと考える。

【中学校・高等学校・特別支援学校受験者へのアドバイス及び対応】
❶中学校・高等学校などでは、若手教員が副担任として先輩の学級担任から指導を受けながら力を付けていくケースが多くあります。
❷中学校・高等学校などでは、学年単位の組織の中で育成していくことが多く、学校全体の組織との関係性を考慮しながら、研修計画を作っていく必要があります。
❸中学校・高等学校などでは、地域や他の学校などの対外的な生活指導上の問題も発生することがあり、校内の体制を作っておく必要もあります。また、広域的な対応については、日頃から連絡・連携体制が機能するようにしておきます。

💡 解説

　生活指導は個々の指導の場面と学校全体の方針で取り組んでいく場面の両方があります。学校行事や学年集会などの全体的な指導の場面では、一定の共通理解に基づき行っていくことで、ある程度円滑に進みますが、学級内などの個々の生活指導の場面では、担任に任されることが多く、気が付いたときには解決の難しい段階にきていることもあります。そのため日頃から、個々の情報を収集、一元化することで、多くの指導経験から適切な対応策を考えていくことができます。

　現在は「チーム学校」というように組織全体で対応することが求められており、生活指導はその最たるものです。スクールカウンセラーやスクールソーシャルワーカーの活用も視野に入れる必要があります。生活指導はその場の対応になりがちですが、これまでの実績の積み上げを分かりやすい形でまとめ進行管理することで、さらに有効な手立てを見つけられます。　　　　　　　　　　　　（山田修司）

❯❯ 令和 **4** 年度実施問題 解答例

研究・研修担当

（1）担当職務における課題

　現任校では研究推進委員会に所属し、校内研究の実践に取り組んでいる。特に今年は区の研究推進校を受けており、来年の研究発表会に向けて大事な時期である。現在、研究課題を推進するための組織運営を担っており、その課題は、年間計画に基づいて研究授業を中心とした研究は推進されているが、研究実践の積み重ねがなく、全体的な調整が円滑にいっていないこと、❶研究実践が日々の教科指導の改善に結び付いていないことの２点が挙げられる。決められたことだから行うという教員の意識を、新しい教育改革のための授業改善へと変えていくことが求められている。

（課題１）研究組織の計画的な運営

　❷研究推進委員会という組織の中で、研究主題に対する考え方や年間の研究計画、研究の方向性については、明確な方針ができている。しかし、そのことを実践していく際、現在の状況把握や課題への対応策などを柔軟に取り入れ、新たな道を模索していく運営ができていないことが課題となっており、研究の活性化の阻害要因の一つになっている。

（課題２）教員の資質向上に結び付く授業改善

　研究する内容が各教科の指導にどれだけ生かされているのかを確認することが難しく、貴重な時間を割いて行っている研究実践が授業の改善に十分結び付いていない。個々の教員の授業改善の状況を把握し、どんな成果があったのか情報を共有し研究の進行を明確にすることが、新たな授業を創り出し、研究内容を活用、工夫していくことにつながっていく。

（2）課題解決に向けた取組

（取組１）研究推進状況の把握と情報共有

　研究の推進状況は推進委員会を実施するなかである程度は把握できるが、各分科会での課題や改善策の構築、その実施結果等、細部にわたった検証をする機会をもつことが厳しい。その改善のためにもフォーマットを用意して定期的に記入し、情報共有と対応策の提示をすることで、より研究内容の理解と進捗状況の把握ができる。推進委員会で話し合われたことが、各分科会での理解を得て、そこでの協議内容が推進委員会にフィードバックされる体制をもう一度検証し、推進委員会の考えや方針をより具体的な形で実際の授業研究につなげていくことが大切である。そのことを誰もが自分のパソコンで確認できるよう

にし、授業に活用できるようなシステムの構築も進めていく。

（取組２）授業改善の内容把握と活用

　研究授業は推進委員会での方向性を受け、各分科会での協議や授業者の意向を踏まえながら、授業案の検討を行い、事前の授業の中での課題把握や他単元での実践を集め、交流することで充実を目指していく。そのことが、**₃授業の改善が進み、現在の教育課題や学習指導要領の目指す教育の実現に結び付ける**ことになり、個々の教員の資質向上につながる。そのために私は主任教諭として、改善ができた授業の概要を簡単にまとめる様式を用意し、資料化することで、個の情報とするのではなく、全体の共有財産としていく。その進行管理をすることが研修担当の主任教諭としての大切な職務であり、ただ単にまとめるだけでなく、授業改善の成果がどう有効活用されたかまで把握することで教員の資質向上に結び付けていく。

【中学校・高等学校・特別支援学校受験者へのアドバイス及び対応】
❶中学校・高等学校の場合は、教科担任制のため研究の内容が教科になることがまれであり、生活指導や特別活動、キャリア教育などの〇〇教育になることが多いと思います。教科でないために、直接授業の改善に結び付く機会が限られており、小学校ほど授業中心の研究になっていないことがあります。
❷研究組織は学年を中心とした形が多く、推進委員会と各学年との連携・調整や方向性の共通理解、研究実践の確認など、常に進捗状況の把握や組織内での伝達方法などの進行管理が大切となります。
❸校種が違うと、学習指導要領も当然違うため、全体的な教育課題の方向性は同じでも、教科での考え方や進め方では教員の主体性が求められます。学校全体の取組としていくためにも、運営の大切さが問われてきます。

令和４年度
実施問題

💡**解説**

　研究と修養（研修）は、教育公務員特例法に示されているから行うものではなく、日々の教育活動の改善のために行うものです。その根幹をなす授業の研究実践を行うことは、教員の重要な責務でもあります。

　現在、様々な教育課題の解決や「新たな教師の学びの姿」の実現が求められているなかで、教育活動に関する研究推進は一層欠くことができません。特に、１人１台端末を活用した授業の在り方など、組織として研究を推進していくことは喫緊の課題です。このような背景を踏まえ、主任教諭として組織を生かしつつ計画的な運営を行い、管理していくことは重要な使命となっています。（山田修司）

137

◆ 令和4年度実施問題 解答例

特別活動担当

（1）担当職務における課題

　これまで特別活動の児童会活動を担当した経験があり、現任校に異動して2年目に特別活動全体を担当する主任となった。これまでの主任から指導内容や学校行事に関する課題を引き継ぎながらも、新しい方向性も考慮しつつ職務の改善に取り組んでいる。学習指導要領でさらに授業時数が増加したなかで、特別活動の時間や学校行事の見直しを組織的に行う必要がある。

（課題1）学校行事の見直しと他の教育活動との関連の明確化

　❶現行学習指導要領では、英語の時間が増えるなど、これまで以上に授業時数が増加した。そのなかで調整の対象となりやすいのが学校行事であり、特にコロナ禍での対応では、行事内容の変更や新しい形での実施など大きな影響があった。また働き方改革の観点から、他の教育活動との関連性を踏まえ、特別活動の位置づけを改めて再考していく必要がある。

（課題2）児童の主体性を育成する自発的・自治的活動の充実

　❷児童会活動やクラブ活動の目的は、集団の一員としてのよりよい学校生活づくりへの参画を通して、人間関係の形成、個性の伸長、問題を解決しようとする自主的・自発的な態度を育てることにある。そのためにも主任教諭として、計画性をもって特別活動部の組織を活性化し、常に実施状況を把握し児童の様子を注視しながら進行管理をしていく必要がある。

（2）課題解決のための取組

（1）学校行事は特別活動部以外にも、教科に関連した行事は教科担当の主任が担い、宿泊行事などは学年主任が中心となっている。私は特別活動部主任として、それらをとりまとめ、全体像を明確にしながら関連性を明らかにしていくことが求められている。まずは特別活動部で検討し、他の領域主任とともに調整した資料を全校で共有できるようにする。学校全体での話し合いの場において、学校行事の新しい方向性を提案し、共通理解を求めていく。具体的には、個々の教員が教科等と特別活動の関連を意識した学習指導を展開していくことも可能とする。教員が見える形での成果を上げていくことが主任教諭としての使命である。また、運動会や学芸会・音楽会のように特別な時間割を組んで準備や指導にあたる時間を見直し、精選していくことで、働き方改革で求められている時間の有効活用を進めていく。その中で再度、特別活動のもつ意味を問い直すことで、教科指導との関連性の明確化につながっていく。

（2）_❸児童会活動は、選ばれた児童が中心となって運営していくが、指導内容の特質に応じて、教員の適切な指導のもとに、児童の自発的・自治的な活動が効果的に展開されるようにすることが求められている。私は主任教諭として、各担当者が同じ方向性のもと指導できるよう、全体の方向性を考えたり、各活動の指導状況を把握する。現在の課題を共有するため、校内ＬＡＮのフォルダで児童の活動の様子や取組状況を記録し、それをもとにした特別活動部としての話し合いを定期的に行い、実効性のある教育活動としていく。そして課題を分析し、目指す方向性を提示していくなかで、特別活動部全体の進行を管理していく。さらに、個々の教員との連携の際に育成の視点を取り入れることが、児童の成長にもつながっていくことになる。特別活動は教員と児童が成就感を共有できる教育活動でもあり、双方が満足できる活動にしていくことが大切である。

【中学校・高等学校・特別支援学校受験者へのアドバイス及び対応】
❶授業時数の増加については、中学校・高等学校ともに異なっているので、それぞれの学習指導要領を確認しておく必要があります。
❷中学校や高等学校では生徒会活動であり、より生徒に任された活動になり、担当の教員の関わり方も小学校の場合とは違ってきます。クラブ活動は部活動となり、自主的・自発的な参加により行われ、学校教育の一環として、教育課程との関連が図られるよう留意することが示されています。また、部活動の在り方や指導者については大きな課題となっており、スポーツ庁・文化庁が令和４年12月にガイドラインを発表し、外部指導や地域への移行について方向性を示しています。
❸生徒会役員などは選挙などの方法も取り入れることが多く、中学校・高等学校では生徒に任されていることも多くなり、運営自体も生徒の主体的な活動が大切にされています。

令和４年度
実施問題

💡 解説

　特別活動は校種によって児童・生徒との関わり方が違ってくるため、主任教諭としての役割も異なります。中学校・高等学校では学年単位での取組も多く、調整役に徹することもあります。逆に、小学校では年齢差があるため発達段階に応じた内容を考えておくことが求められます。教科指導とは違った児童・生徒の姿を見ることができ、可能性を伸ばし、主体的な活動のなかで輝きを見せる場面に遭遇することに喜びを感じることもあります。

（山田修司）

» 令和 4 年度実施問題 解答例

教科担当（国語科）

（1）担当職務における課題

現任校に異動して３年目、昨年からは❶国語の教科主任として職務に取り組んでいる。現在は学習指導要領に示された主体的・対話的で深い学びを国語科でどのように実践していくか、また、各教員が国語の学習指導で課題としていることに対して、助言や支援ができる体制づくりを目指している。そのなかで授業の充実と支援体制の２点を課題として取り組んでいる。

（課題１）主体的・対話的で深い学びを実現する授業の推進

主体的・対話的で深い学びの実現が求められている。授業でどのように実践しているか、教員一人一人の状況を把握し、支援内容を情報提供していく必要がある。習得・活用・探究のバランスを工夫した授業提案も行っていく。授業改善の姿勢を常にもち続けることも促していきたい。

（課題２）指導内容・方法の工夫、改善のための体制づくり

国語の具体的指導内容や方法については、先行研究がたくさん存在しているが、日々の授業に活用するためには、ある程度の時間が必要となる。そのことを補うためにも、資料化したものを各担任がいつでも校内ＬＡＮ内で閲覧し、双方向の質問も可能な体制づくりが求められている。教科主任として、長期休業などの時間を活用して教材を研究し、分かりやすい資料を作成していく。

（2）課題解決のための取組

（解決策１）参観を中心とした授業の改善

学習指導要領では、「生きる力」を子供たちに育むため、「何のために学ぶのか」という学習の意義を共有しながら、授業を創意工夫していくことが求められている。その取組を進めるためには実際の授業を見ながら、助言や指導を行うことが一番効果的である。しかしそのような時間設定を行うには困難もある。そこで、教科主任として空き時間等を活用して、学期に１回は❷学級担任の授業を参観できる体制をつくる。ただ、半数は動画撮影をしたもので代用することで機会を確保する。実際の授業場面をもとに、主体的な学び以外にも、中央教育審議会答申「『令和の日本型学校教育』の構築を目指して」に示された個別最適な学びや協働的な学びの視点からも授業分析していく。また、私の行う国語の実践研究を公開し、学校全体の授業を変えていくために役立てていけるようにする。教員の変容にも視点を置き、成長のための最大限の支援を行っていく。

（解決策２）授業改善を支援する資料提供の体制

学校組織は所属職員が毎年変わり、学年を構成する教員も変わる。そのため年度の初めには新しく異動してきた教員とともに、学年が変わった教員を対象に、国語の指導内容・方法、授業の改善に関する資料などの理解を推進する機会を設けている。充実した国語の授業のためにも、教科主任と学年との話し合いの機会を大切にし、情報交換まで踏み込んだ形で実施し、教員別の課題把握の資料を作成するなど、指導が直接児童の成長につながり、そのことを教員が共有できるような形を作っていく。これまで蓄積されてきた国語の授業に関する教材や児童に提示するワークシートなどがすぐに取り出せるように単元別に整理し、校内ＬＡＮに保存する。授業実施後、教員に記入してもらった振り返りに私がコメントをつけて資料の改良を続けることで、個々の教員の授業力向上を目指していく。

【中学校・高等学校・特別支援学校受験者へのアドバイス及び対応】
❶中学校・高等学校では、教科主任として同じ教科内の教員に働きかけることはありますが、小学校のように学級担任と教科指導について話し合ったりすることは少ないでしょう。
❷教科主任が学級担任の授業を参観することは小学校ではありますが、教科担任制の中学校・高等学校では少ないでしょう。その代わりに、教科主任の役割としてより教科の特性に特化した授業の改善・充実が求められています。

💡 解説

　小学校とその他の校種での教科主任の職務や実際の働きについては違いがあり、そのことを踏まえた内容として記述する必要があります。

　中学校では各教科の教員同士の連絡・調整も行われています。また、持時数の調整のため非常勤講師が配置されることも多く、授業時間以外に打ち合わせなどを行うことはできないため、十分な情報交換の時間の確保が課題となっています。教科の教員組織は小規模ですが他教科との連携や教科に関する学校行事などについても担当することがあり、担当教員と意思疎通を図りながら、取り組んでいくことが重要です。

(山田修司)

▶ 令和 **4** 年度実施問題 解答例

教科担当（体育科）

（1）担当職務の課題

　体育部では、各学年での体育授業への支援や指導計画の作成、提示のほかに、運動会、夏季水泳指導の計画・実施、体育用具の整備・準備、養護教諭と連携しての健康教育の実施などを担っている。私は現在、❶体育担当の教科主任として、所属する教員の職務分担を明確にし、その全体的な進行の管理を行っている。体育部の所属教員は若手教員が多く、経験を積むなかで成長を目指していくことが大きな課題となっている。

（課題1）若手教員育成のための組織の活性化

　❷経験年数の少ない教員の割合が高くなっているのは、どの学校においても課題となっている。現実をしっかり受け止め、職務分担に取り組むなかで、PDCAサイクルを活用した育成を進める必要がある。そのためにも、若手教員の状況を把握し、組織として明確な理念をもって、計画的に組織の活性化を目指していくことが求められる。主任教諭としての役割はとても重要である。

（課題2）体育授業の充実のための方策

　❸体育には教科書がないため、教員自身が経験した体育授業をもとに指導していることが多い。また体育好きの児童が多いと、自身の指導内容・方法の不十分さに気付くことができず、改善されることがない。学習指導要領の内容を計画的に指導していくためにも、主任教諭としてできることは、指導内容・方法を整理し、授業に生かしていける体制を構築することである。

（2）課題解決のための取組

（取組1）主任教諭として、若手教員育成のための支援や助言を積極的に行う機会をつくることが大切であり、その資料となる指導案や指導の工夫、指導内容などを整理し、校内LANでの閲覧と質問受付などで対応していく。また一つ一つの取組を計画、実施、振り返り、改善するPDCAサイクルを取り入れていくことで課題を明確にし、その中で何をどのように支援していくかを共に考えていく。このような若手教員の意思を生かした計画実施が成果や自信につながり、組織の力になっていくと考えている。具体的場面での指導ができるのも体育関係の組織ならではの利点である。また体育では学校行事の実施においても、昨年の計画を見直し、改善するところから始め、共通の理念に基づいた内容にしていく。個々の教員のカルテを作成することでも、個別の課題が明確になり、双方向で課題解決に向けた取組ができる。体育指導の力量を高めるこ

とは児童の生涯スポーツの基礎を作っていくことにつながると考える。

（取組２）若手教員は児童と関わっていく力が十分になく、教室などの落ち着いた環境ではうまくできる指導も、体育館や校庭などの自由な空間ではうまくできないことも多い。そのためにも、自由に使える各学年、領域の指導案や学習カード、授業に必要な体育用具の紹介などの情報を校内ＬＡＮに入れておき、自由に使用できるようにしておく。また、それだけでは授業の改善につながらないことから、授業を実際に参観しての助言や教科主任の授業を見る機会などを計画的に示すことで、より進んだ体育の授業改善を目指していく。個々の教員の状況は違ってくるため、個別のカルテを作成し、記録することできめ細かい対応を可能とする。さらに、直接的に指導する場面だけでなく、授業を撮影した動画を見ることで具体的指導につなげるなど、機器を有効に活用して児童の生涯スポーツの基礎を培っていく。

【中学校・高等学校・特別支援学校受験者へのアドバイス及び対応】
❶中学校・高等学校で学校全体の体育関係の職務を担当するのは、保健体育科の教員です。体育関係の学校行事は主な職務として進めることになりますが、保健体育の指導について、他教科の教員に関わることはありません。
❷小学校では異動を経験していない教員が半数在籍することが珍しくなくなっており、体育の指導にも苦慮していますが、中学校・高等学校は体育の担当は教科について精通している教員が行うことになります。
❸中学校・高等学校は教科担任制のため、教科外の教員が保健体育科を指導することはなく、個々の教員に対しての助言や支援の必要はありません。ただ、複数の保健体育担当教員がいる場合は、教科主任として指導していく課題はあります。

令和４年度
実施問題

解説

中学校・高等学校では、保健体育科の担当が校内の部活動や体育関係の対外的な役割を担っていることが多く、その中での課題解決が求められることがあります。また、部活動との関係からも、生活指導的な課題への取組を任されることも多くあります。体育の授業でも技能中心ではなく、思考、判断、表現を大切にした指導を行っています。

小学校においては、教科担当の主任教諭が全体を把握し、学習指導要領に基づいた学習を保障するため、学級担任の体育指導の力量を高めていく必要があります。過去の経験をもとにした教員の主導的な指導は、体育嫌いの児童・生徒を生む結果にもつながりかねません。

（山田修司）

143

❯❯ 令和 **4** 年度実施問題 解答例

学年経営担当

（1）担当職務の課題

　現在、第4学年の学年主任を担当している。学年主任としては、学校経営方針の具現化に向けて学年経営方針を策定し、学年全体を見通した学年運営を行っていくことが重要であると考えている。さらに学年全体で取り組んでいる課題の取組状況を把握しながら、達成目標に向かってどのように推移しているかを判断し、適切な進行になるよう助言や支援を行っていく必要がある。

　そのためにも、学年共通の指導や理解をもって教育実践を進めていくことが大切であり、以下の2点を課題として取り組んでいく。

（課題1）学年経営方針の推進状況の把握と進行管理

　学年組織は学級担任で構成されており、個々の教員の力量に頼る部分はあるが、学年組織としての全体的な成果を目指していかなければいけない。そのためにも❶学年経営方針に沿った教育活動を行う必要がある。しかし、現状は個々の教員の判断で学級の状況に応じた経営がなされており、学年全体の統一性を保つためにも主任教諭として推進状況の把握と進行管理を行っていくことが重要である。

（課題2）若手教員の指導力向上のための助言・支援

　現在、主任をしている学年は、私以外は教員経験1校目の基礎形成期に該当する若手教員である。日々の学習指導や児童との関わり方に不安や悩みを抱えており、日常的に個々の支援や助言を行っている。適切な指導を実践していくため、どのような指導をいつ行うのかを結果とともに記録し、次につなげて積み重ねていくことで組織を活性化させることが求められている。

（2）課題解決に向けた取組

（取組1）学年としての共通の指導や理解を求めるためには、❷学年会などの教員同士のコミュニケーションを図る場が必要となるほか、そこでの内容も単なる報告や教科の進捗状況の把握だけでなく、学年経営の方針で目指している内容を、どのように具体的な教育活動に結び付けているかを十分確認しておく必要がある。そのためには学年所属の教員が一定期間の振り返りを行い、具体的な助言や支援を学年主任として行っていく。どのような課題にどう助言し結果はどうなったかについて、要点をまとめるなどの管理が主任教諭として求められている。そのためにも職員室での学年ごとの机の配置を生かし、一日の中で朝・昼・夕と短時間でも、学年の教員が集まり話のできる環境づくりに努め、

学年経営方針の推進につなげていく。

（取組２）若手教員の指導力向上には、個々の状況の把握と課題解決のための方策の検討が大切になってくる。教員の不安や悩みに対しても、具体的な対応策を一緒に考えていく。学級の状況を一番把握しているのは学級担任であることから、対応策を伝える前に必ず自分の考えを述べてもらった上で、それを踏まえて助言を行う。この繰り返しにより、指導力は向上すると考える。また、**❸専科等の授業で空いた時間を活用し**、授業を参観させたり、参観したりして具体的な場面での指導を行っていく。週に１時間設定し、年間では40時間程度の時間を確保する。ＰＤＣＡサイクルを意識しながら進めることでよりよい効果が得られ、教員の指導力向上につながる。常に学年所属の教員の成長を見守ることが主任教諭の責務である。

【中学校・高等学校・特別支援学校受験者へのアドバイス及び対応】

❶中学校・高等学校などの場合は、学校行事や生活指導面での共通理解は十分に行われますが、学習指導については、教科担任制のため教科の内容についてまで深く理解を求めることは多くはありません。学期ごとの評価や内申については、学年で時間をかけて共通理解、検討する場が設けられています。

❷中学校・高等学校では、小学校以上に学年組織は重要です。学校行事や集会、評価の調整、生活指導などは学年が中心となって進めており、学年主任も教務や生活指導の主任と同じ重要な職務とされています。

❸小学校に比べ、中学校や高等学校では教員の持時数が少ないため、空いた時間の活用はしやすいと思います。計画的に時間を調整して有効に使うことができます。

令和4年度
実施問題

💡 解説

　校務別に担当職務を分担していくことが多いのですが、学年という組織は全ての要素の集約であり、学校運営の中核を担っています。学習指導や生活指導等においても、学年としての考えや判断をすることが多くあり、その調整役・推進役としての役割は重要です。そのためにも、明確な学年経営の方針を立て、その推進状況を把握しながら、目標達成を目指していくことが主任教諭には求められています。

(山田修司)

›令和4年度実施問題 解答例

特別支援教育担当

（1）担当職務における課題

　知的障害特別支援学級の担任をし、学校全体の特別支援教育を担当している。特別支援教育については、担当になり詳しく理解するようになった。本校では、特別支援教育コーディネーターや特別支援学級担任等を中心に、インクルーシブ教育に基づいた教育課程の実施状況の把握、学校全体の特別支援教育への理解推進、交流及び共同学習の適切な実施、特別な支援の必要な児童の情報共有の体制づくりを課題としている。

（課題1）特別支援教育の理解推進の体制づくり

　特別支援教育に関しては、インクルーシブ教育の考えに基づいた教育課程の実施が求められており、今以上に特別支援学級と通常の学級との連携において、適切に交流及び共同学習を充実させていく必要がある。❶特別支援教育担当者を中心として、学校全体での理解推進と具体的活動の機会を考えていくことが必要となってくる。さらに、個々の事例に関するケーススタディや連携・調整のための体制等を考えていかなければならない。

（課題2）特別支援教育の学校全体での充実

　特別な支援を必要とする児童は通常の学級にも在籍し、❷特別支援教室などでの指導も並行して行われている。学校の体制としては主担当である特別支援教育担当に委ねてしまう傾向があるが、個々の児童の通常の学級での実態や個別の教育支援計画などの情報を共有し、立場に応じた指導を連携しながら進めていくための体制づくりが必要となる。

（2）課題解決のために

（解決策1）学校の職員構成は毎年変わることから、特に特別支援教育に関する理解については共通の認識をもてる組織づくりが重要である。❸特別支援学級の交流及び共同学習の推進は学習指導要領にも述べられているとおり、大切な内容で在籍児童にとっても有効な学習活動となってくる。

　特別支援教育は、通常の学級との双方向で行われるものである。私は主任教諭として、各教員への情報提供や児童への指導や対応等、特別支援教育の理解推進体制構築の進行管理に努める。各児童の通常の学級での活動の様子を、校内LANの記録のフォルダを活用して把握し、それをもとに改善点や次の活動の考え方を共通理解していく。指導内容が対象児童にとって効果的であり、特別支援学級での指導にも有効に働くようにしていく。そのことが特別支援教育

146

の理解推進につながり、教員個々の力が発揮できる体制につながっていく。

（解決策2）特別支援教育の年間指導計画に基づいて、個々の教員は自分の担当する部分は十分な検討をしながら指導にあたっているが、他の担当との連絡・調整は十分とは言えない状況である。特別支援教育コーディネーターを中心とした定期的な会議だけでは、日々の指導等から児童の変容を把握している教員等と的確に情報共有することができない。しかし、年間指導計画が予定通り進んでいるか、課題は発生していないかを直接協議する機会は設定しにくい。

そこで、校内のセキュリティのしっかりした端末に指導の状況を記録してもらい、私が担当として助言や支援を返信する体制をとることで進行管理をしていく。内容によっては当該教員と直接話し合うことで、さらに有効な年間指導計画の実施に結び付いていくと考える。

【中学校・高等学校・特別支援学校受験者へのアドバイス及び対応】

❶学校によっては、特別支援学級が設置されていないこともあります。特別支援教室は小学校・中学校全校に設置されており、特別支援教育担当者には専門の教員が充てられていることが多いです。

❷特別支援教室は小学校・中学校全校に設置され、専門的な指導が行われています。高等学校では令和3年度より全校で通級による指導の仕組みが整っています。

❸小学校・中学校では、通常の学級に特別な支援を必要とする児童・生徒の座席を積極的に置いて給食や学級活動で交流を行うとともに、図工や体育、音楽などで共同学習を行うことが多くあります。高等学校でも発達に配慮を要する生徒が在籍し、ある程度の対応はされていますが、個々の学校で事情が違ってきます。

令和4年度
実施問題

💡解説

特別支援教育の課題は、学校や校種によって様々であり、特別支援学級の設置校か否かによっても違いが出てきます。発達障害のある児童・生徒を対象として特別支援教室の設置や人員配置も行われ、体制整備は進んでいますが、担当教員の専門性や派遣教員との連携等、解決すべき課題は多くあります。体制ができても、それをどのように有効に機能させていくかが大切となってきます。そのためには、その組織を構成する教員、特に主任教諭が運営や調整といったことへの関わりをどうしていくかを考えておく必要があり、学校全体としての体制づくりが求められています。

(山田修司)

147

» 令和**4**年度実施問題 解答例

養護教諭

（1）担当職務における課題

　養護教諭にとって、新型コロナウイルス感染症の拡大が、緊急の大きな課題となってきた3年間であった。通常の職務を行いながら、❶児童の健康状況や欠席者への対応、外部の保健所、教育委員会との連絡・調整など、これまで経験のないなかで進めることも多くあった。もともと一人職種である養護教諭の課題として、組織の中でどのように役割を果たし、関わっていくのかが挙げられる。コロナ禍により、現状を正確に把握し、学級担任への適切な情報提供など、職務の進行管理が大きな課題になったと言える。

（課題1）児童の健康管理体制の見直し

　感染症対策を優先させるために、これまでの学校での健康管理に関する体制や実施内容、方法の見直しを迫られた。定期的に行っている身体測定や校医による健康診断、けがや病気の児童への対応、家庭との連絡などをこれまでの体制ではなく、感染症への対応を行いながら、優先順位と進捗状況を考慮し計画的に実施することが求められている。

（課題2）外部機関との連携及び学校の対応の明確化

　感染症対応においては、外部組織と連携しながら対応にあたることが求められており、その体制を整え、機能するようにしなければならなかった。校内組織も新たに見直し、できるだけ❷校内LANを活用する体制を作ったが、細かい内容については、直接のやり取りが必要となり難しさもあった。養護教諭の担当内容が拡大するなか、他の分掌との連携の調整も必要となった。

（2）課題解決に向けた取組

（解決策1）感染症対策の推移を見極めた体制づくり

　学校の一斉休校以来、❸各自治体の感染症対策の推移に注目しながら、学校内の体制を考えることが求められ、その都度最適な形での運営になるよう工夫を重ねてきた。養護教諭は一人での仕事ではあるが、健康管理などの保健室に関する校務分掌は3名で進めている。一番に優先したのは、児童の健康状況の把握と家庭との連絡である。学級担任を中心として状況把握に努め、その内容を学校全体でも統計的に把握するため校内LANの中で閲覧できるようにした。それをもとに管理職や主幹教諭等と連携を図りながら、今できることを決め、教員とともに対応にあたってきた。ただ途中での振り返りも必要であり、現状に固執せず、次の策を考えていくことに力を注いだ。

148

（解決策2）責任体制を明確にした対応策の構築

　新型コロナウイルス感染症への対応の責任者は管理職である校長、副校長であるが、常に判断を求めることも難しいことから、担当ごとの責任者を決めておく必要がある。そのためには、状況を正確に把握し、ある程度の意見調整をする体制のもと判断していくことが求められる。さらに、具体的対応策を考えるときには多様な意見を排除せず、多くの可能性を考慮して、現時点での最善だと思われる方向性を決めていく。また、事態が刻々と変化していくなかでは、一度決めたことでも固執せず、変更することに躊躇しない姿勢も大切となってくる。学校としてのしっかりとした対応策をもって、外部機関との連携を進めていくことが求められる。窓口を一本化し、情報のやり取りは教職員が校内ＬＡＮにある書類で把握できる体制をつくり、小さなことでも共有していくことで柔軟な対応ができ、保護者等の安心につながっていくと考えている。

【中学校・高等学校・特別支援学校受験者へのアドバイス及び対応】
❶中学校は小学校と同様の対応が想定されますが、高等学校では通学状況も学校によって違いがあり、どのような体制になるのかは個々に考えていく必要があります。
❷GIGAスクール構想によって校内のインターネット環境は整備が進みました。小学校・中学校は公費により自治体が整備しましたが、高等学校は独自に整備することから学校による違いも見られます。
❸対策は都道府県レベルでの対応と区市町村レベルでの対応とで違い、また自治体によっても独自の取組をしています。基本的には学校の設置者である自治体の内容を確認しながら、各学校での具体策を考えていく必要があります。

💡 解説

　新型コロナウイルス感染症への対応は、養護教諭にとっても経験したことのないものでした。ただ、児童・生徒の健康管理のエキスパートであり、その専門性を生かすためにも、養護教諭が中心となって取り組んでいくことが求められます。
　学校全体の健康管理の内容や進め方については、それぞれの担当が機能を発揮しながら取り組むことで、より効果的になっていきます。校種によって事情が異なるので、そのことを踏まえながら対応策を考えていくことも必要となってきます。今回のことでは養護教諭が果たしていけることの可能性は大きく、重要性もさらに増しています。
　　　　　　　　　　　　　　　　　　　　　　　　　　　　（山田修司）

»令和4年度実施問題 解答例

栄養教諭

（1）課題

　栄養士から栄養教諭となって8年たち、食育も担当している。学校全体の計画推進に携わっており、食育を担当している教諭とともに、①学校給食における食育の在り方、また、通常の授業を通してどのように取り組んでいくかを考えている。その中では、計画の推進状況の把握と組織の活性化、また各学級等での具体的指導内容の確立の2点が課題となっている。

（課題1）給食の時間の指導充実と状況把握

　日々の給食の時間は、食育を推進する上では具体的な場として重要であるとともに、児童にとっても単に昼食の時間というだけでなく、食を通しての貴重な学びの機会である。各学年、学級での指導の状況を把握し、全体的な推進状況を見ながら、担当教員と協力しながら進めていくことが求められている。

（課題2）授業の中での具体的な食育指導計画の確立

　給食の時間以外に、②各学年の授業の中でも食育の推進を図らなければならない。理科・体育（保健領域）・家庭科・生活科・総合的な学習の時間といった教科等において、食に関連した学習内容を検討・実践し、各学級の進捗状況を把握しながら年間の食育指導計画を作成・管理していく必要がある。

（2）課題解決のための取組

（解決策1）給食の時間には、③栄養教諭がランチルームで、教員とティームティーチングで行う指導があり、合わせて校内放送や配布文書等での指導も行っている。そのためにも、各学年、学級における年間の指導計画の作成が重要である。指導内容は、栄養教諭が一定の内容を作りながら、各教員の意見を取り入れ、協力しながら作り上げている。各学年が指導を行う年間の時期、内容について吟味し、毎月作成する給食の献立等とどのように関係し、教材としての役割を果たしているのかを分かりやすくまとめ、各教員がそれをもとに限られた時間ではあるが、給食の時間に指導できる体制を整えていく。さらに大切になってくるのは、各学年、学級での指導の状況を把握し、進捗状況を把握することである。日々の指導に柔軟に対応するため、校内LANを活用して栄養教諭との連絡体制を確立する。そこでの協議内容を教員に戻していけるような体制をつくっていくことで、食育の指導内容や児童の食に対する意識の向上を目指していく。

（解決策2）各教科等の指導内容との関連を考えながら、食育を推進していくこ

150

とが大切である。食育指導計画の作成にあたっては、指導の時間数や内容を検討し、単独で指導を行うのか、各教科等の中で行うのかについて分かりやすい形で示していく必要がある。また、指導形態についても、学級担任が行う場合、学年全体が集会形式で行う場合、栄養教諭とのティームティーチングを導入する形など、内容や対象に応じて決めていくことが求められる。さらに家庭との連携も視野に入れた活動にしていくことも重要である。これらの取組の充実のためにも、記録を保存して各教員が閲覧し、授業に活用することで、さらなる充実を目指していくことができる。特にＧＩＧＡスクール構想が充実し、校内だけでなく、各家庭とのインターネットでのつながりを活用することもできる。計画的に食育を進めることが、食品ロスやＳＤＧｓといった課題への発展的な取組につながると考えている。

【中学校・高等学校・特別支援学校受験者へのアドバイス及び対応】

❶中学校ではほぼ完全給食を実施していますが、栄養教諭の配置は限定的であり今後の増員状況を確認していく必要があります。ただ、非常勤を含め、栄養士の配置は進んでいます。高等学校では給食が実施されていないため、食育は困難が多いようです。特別支援学校では、障害種別や日頃の実施状況が学校によって違うため、学校個々に任されることが多くあります。

❷中学校・高等学校は教科担任制のため、各教科の指導内容に関連して実施するよりも、総合的な学習（探究）の時間や学校行事等に組み込んでいく方が、円滑な実施につながっていきます。

❸栄養教諭の配置のない学校では栄養士が代わって実施することになります。その場合、食育担当の主任と協力して指導にも関わっていく必要があります。また、栄養教諭は教職なので単独での授業も可能です。

💡 解説

　教科指導と違い、食育に関する取組の推進状況は、学校によって違いがあります。栄養教諭の配置状況、栄養士がいても非常勤で勤務時間が限られているなど、様々な条件の中での推進となっています。また、食育だけでなく完食を求めない、嫌いなものは無理に食べさせないなど、食の理解を進める上で難しい実態もあります。食品ロス、食料自給率などについて、学校においても考える機会をもち、学校の特色を生かした形で、推進しやすい環境づくりが重要となります。教員の意識づけも大切です。

(山田修司)

令和３年度
実施問題

次の問題について、合計43行（1,505字）以内で述べなさい。
ただし、35行（1,225字）を超えること。

主任教諭、主任養護教諭及び主任栄養教諭には、主任教諭
としての役割を自覚し、学校運営においてより積極的な課題
解決を図ることが求められています。

（１）このことについて、あなたの担当する職務において、**特
に学校運営の改善を図る上で課題となることは何か**、２点
挙げて、その理由を述べなさい。

（２）（１）で述べた課題を解決するために、あなたは主任教諭、
主任養護教諭又は主任栄養教諭として**どのように取り組む
か**、あなたの実践・経験に触れながら具体的に述べなさい。

※太字は編者

▶出題の背景

　学校教育は、教育目標の達成に向け、全教職員の力を結集して進められる意図的・計画的な営みです。学校運営を円滑に進め、最大の成果をあげるために組織が必要であり、教職員は組織の一員としての働きが求められます。しかし、現実には教育活動の実施は、教職員の個々具体の活動に収斂される側面が強く、日常的な連携なしでは、組織的な教育活動になりにくい側面もあります。教育課題が山積し、学校に対する地域や保護者の要望も多様化している現在、個々の教職員の力だけでは学校教育は成り立ちません。個々の教職員の活動をより有機的に結び付け、組織的な学校運営を行う態勢をどう整えるかということは、学校運営を進める上での重要な課題となっています。

　学校運営の改善を図り、教育活動を効果的に進めるためには、全教職員が達成を目指す目標を共有すること、学校運営組織内の役割分担を明確にすること、全教職員が組織の一員として学校運営上の責任を果たすという強い意識と能力をもっていることなどが重要です。主任教諭、主任養護教諭、主任栄養教諭は、そうした組織の中核となって、学校運営の改善に努めていく必要があります。

▶出題のねらい

　主任教諭、主任養護教諭、主任栄養教諭の役割の第一に「校務分掌などにおける学校運営上の重要な役割」が示されていますが、これは、担当する職務の中心となって学校運営に関わっていくことです。したがって主任教諭として学校運営の課題を明確にし、その改善を図っていくことが重要です。

　設問（1）は、学校運営の改善を図る上での課題を2点挙げることです。主任教諭として学校運営の改善を図るためには、担当する職務を遂行する上での課題を明らかにしなければなりません。

　設問（2）は、（1）で挙げた課題を解決するために、どのように取り組んでいくかということです。単なる抽象論を述べるのではなく、自らの実践や経験に基づいた具体的な取組を述べる必要があります。

（松浦正和）

❱令和 **3** 年度実施問題 解答例

生活指導担当

　現任校は小規模校でありながらも家庭の問題をはじめとする様々な重荷を背負う児童が多く、生活指導に関わる教職員の負担も少なくない。私も経験10年目ではあるが、校内の諸事情に鑑み、生活指導主任を任されている。

　学校長は「自他を認め合う心豊かな児童の育成」を経営方針の柱に掲げ、学校全体で取り組んでいる。私は生活指導主任として、目先の対応だけでなく、学校の教育活動全体を通して、学習指導と関連付けながら、児童が「主体的・対話的で深い学び」や「協働的な学び」を通して自他を認め合い、心豊かに生活できるようにしていく。課題は以下の2点であると考える。

課題1　❶「質の高い授業こそ生活指導の原点」という意識の向上

　学習指導と生活指導は相互に深く関わり合っている。生活指導を充実させようとするなら、日々の学習指導の質を高いものにすることが求められる。

　しかし、そのような認識と意識をもつ教員は多くはない。また、授業と生活指導とを関連付けた日々の取組や、自らの授業を生活指導の視点から見直すことも見られない。学習環境や教師の言動にもさらに留意する必要を感じる。

課題2　「守る生活指導から攻める生活指導へ」教職員の意識の転換

　現任校の現状は、問題行動への対症療法が中心となっている。教員の人数が少ないにもかかわらず、問題事案が相応に見られ、関係諸機関との連絡・調整や家庭への周知など、対応すべきことが次々と起こるからである。今後は生活指導の積極的な面を一層重視し、未然防止、早期発見・対応を核とした生活指導体制の確立が求められる。

取組1　生活指導の視点から日々の授業の向上を図る研修体制の構築

　現任校では、国語科を中心とした校内研究に取り組んでいる。年間3本の授業研究を行っているが、校内研究の充実が生活指導の充実につながるということを研究主任に進言し、各学年1本ずつの計6本とした。また、その折に「授業の場で児童の居場所をつくる」「分かる授業を行い、主体的な学習態度を養う」「共に学び合うことの意義と大切さを実感させる」「学ぶことの意義を理解させ、家庭での学習習慣を確立させる」の4観点を授業づくりの指針として共通に実践している。今後、国語科以外でも活用できるように各教科部会で教科の特性に応じて改善を加える。また、教師の日々の言動など、人権感覚についても留意するよう、ことあるごとに啓発に努めている。

取組2　豊かな情操を養い人権感覚や規範意識を身に付けさせる指導の徹底

154

一つは、日頃の❷道徳教育と道徳科の指導の充実と徹底である。豊かな心を育てることは全てに通じることなので、道徳教育推進担当や道徳主任と日々連絡・調整をしながら道徳教育の水準の維持・向上を図る。二つは、問題行動の「未然防止、早期発見・対応」体制の確立である。毎月の職員会議の中に生活指導に関わる議題を位置づけ、「いじめ発見チェックリスト」に基づいた情報交換の場を設ける。三つに、保護者や地域との連携・協力を密にしていく。定例の保護者会のもち方を工夫し、魅力ある保護者会にすることにより保護者の出席率を高めたい。最後に、学校全体で「ならぬものはならぬ！」を基調とした毅然たる教師の姿勢を貫くことの大切さを日々訴えかけていく。

　私は、児童の人格のよりよい発達を促すとともに、学校が児童にとって有意義で充実したものになるよう教育活動を進め、学校運営の充実を図っていく。

【中学校・高等学校・特別支援学校受験者へのアドバイス及び対応】
　小学校の事例として記しましたが、内容は中学校にも高等学校にも通じるものです。
　❶については、学習内容が徐々に高度になる中学校以上にはなおさら求められるのではないでしょうか。分かる、面白い、ためになると実感する学習活動の展開、すなわち「主体的・対話的で深い学び」を意識した学習展開を志向したいものです。教科担任制であるがゆえ、より専門的な見地から授業改善が必要です。日々の授業の中で一人一人の子供の自己存在感や自己有用感を高めたいものです。
　❷については、道徳教育はそれこそ全教育活動を通して行うものです。中学校においては、週1回の道徳科が道徳教育の「要」として位置づけられていますが、高等学校ではありません。公共や倫理の学習で一段高い学びを促していくことが求められます。

💡 解説

　「知は行の始めなり。行は知の成るなり」（王陽明）
　本当に知れば知るほど、それは立派な行いになってきます。また、知が深くなればなるほど、行いもまた尊くなります。だから、学問を修め、思考力、判断力、表現力を身に付けることが「人間をつくる」ことに通じるのです。その意味で日々の授業の充実があるわけです。
　生活指導は、対症療法よりも一人一人の児童・生徒の人格を尊重し、個性の伸長を図りながら、社会的資質や行動力を高めることに留意して行われる教育活動であることに比重を置きたいものです。
　　　　　　　　　　　　　　　　　　　　　　　　　　　（松浦正和）

» 令和 **3** 年度実施問題 解答例

研究・研修担当

　今年度、私は研究推進委員会の副主任を命じられ、本校の研究テーマである「個別最適な学びの実現」に向けた授業改善が全校で進むように取り組んでいる。現任校の校長は常に子供主体の学校づくりを強調し、子供の実態に即した授業にしていくことを全教職員に求めている。私の役割は、研究主任を補佐し、「個別最適な学びの実現」に向けて個に応じた学習指導の考え方などの資料を提供したり、授業を公開したりして、研究活動を推進していくことである。

（1）個に応じた学習指導を実現する上での二つの課題

①授業改善以前の基本的な指導力が不足している教員の存在

　指導する教師と学習する子供との間に信頼関係がなければ、授業は成り立たない。そうした信頼関係を築くことは、個に応じた指導の実現といった授業改善以前の問題であり、子供を指導する教師としての基本的な役割である。現任校には、それができていない若い教員が在籍している。そうした教員に、授業を成り立たせるための前提となる基本的な指導力を身に付けさせることが、個に応じた指導を実現させる前提の課題となっている。

②知識を教え込む一斉授業から抜け出せない教員の存在

　中央教育審議会が示している「個別最適な学びの実現」に向けた授業改善をしていくためには、子供を主体にした個に応じた授業を展開していくことが基本である。しかし、知識を順序立てて教え、身に付けさせていくことが重要であるという従来の一斉授業の考え方から抜け出せない教員も存在する。それは50歳代のベテラン教員で、集団への指導などは学ぶ点も多いが、個に応じた学習指導の必要性をどう理解させるのかが課題となっている。

（2）研究・研修を担当する主任教諭としての取組

①基本的な学習指導力の育成

　教員にも個性があり、身に付けさせたい能力にも違いがある。そこで、ＯＪＴ担当と相談し、研究主任や主幹教諭、管理職に指導を受け、若手教員一人一人に向けた指導プログラムを作成し、当該学年主任と連携し、毎週指導が受けられるようにしていく。また、指導には全教員が関わるようにし、全校で若手を育成する態勢をつくる。若手教員の個に応じた指導をすることは、ベテラン教員の指導観を変えることにもつながると考える。

②ＩＣＴ活用などを通した授業観の変容

　教え込みや一斉指導のよさを確認しつつ、これからの子供たちに必要な資質・

156

能力を身に付けさせるために、ＩＣＴを活用した授業の実施に取り組んでいく。毎月の研究授業では、必ずタブレットを活用させ、子供たち一人一人が自分に合った学びができるように取り組ませていく。この取組を通して、ベテランはＩＣＴやタブレットの扱いが堪能な若手から教えられ、ウィンウィンの関係をつくることができ、学び合う組織にもつながると考える。

　個に応じた指導が、これからを生きる子供たちに必要な資質・能力を育むことにつながることを全校で共通理解できるように、管理職や研究主任の指導を受け、校内研究・研修の推進に取り組んでいく。

【中学校・高等学校・特別支援学校受験者へのアドバイス及び対応】
　本解答例は、全教科を担当する小学校の事例をもとに作成してあります。教科担任制をとる中学校や高等学校では、個に応じた指導に各教科の特性をどう生かしていくのかが大きな課題になると考えられます。したがって、各教科主任等の考えや考え方を把握し、調整していくことが必要となるでしょう。また、特別な教育課程を編成する特別支援学校では、個に応じた指導の考え方や方法も異なっていると思われます。そこでは、各学年間の調整が重要となります。
　しかし、解答例で挙げた「基本的な学習指導力の育成」や「ＩＣＴ活用などを通した授業観の変容」は、全ての校種に共通することです。したがって、自校の実態に即してこの解答例を修正し、解答の作成に生かしていただきたいと思います。

💡 解説

　校内研修は、それぞれの学校の教育課題の解決に向け、全教職員で取り組む活動です。したがって、校長の示す学校経営方針に基づいて組織的・計画的に行う必要があります。言い換えると、校内研修の推進自体が、校長が求める学校運営の実現ということになります。学校運営の重要な役割を担う主任教諭として、校内研修の充実を図っていくことが必要です。
　管理職や教務主任、研究主任などの指導を受け、綿密な調整を図りながら、研究・研修を計画・立案していくことが重要となります。　　　　（松浦正和）

◉ 令和3年度実施問題 解答例

特別活動担当

（1）担当する職務における課題

　今年度、私は特別活動部に所属し、児童集会や縦割り班活動を担当している。昨年度はＩＣＴを活用して集会や活動を工夫してきた。今年度は「協働的な学び」「主体的・対話的で深い学び」を一人一人の児童に体験させるためにも、様々な場面でのコミュニケーション能力の育成を図っていきたい。学校長の経営計画にも「異年齢集団などの様々な集団活動を通してコミュニケーション能力を育む」とある。

　児童一人一人が様々な集団活動を通し、友達と協力して課題解決の体験を積み重ねていくため、学校運営上の課題は次の2点と考える。

（課題1）ねらいや指導法の共通理解と実践

　特別活動は、集団活動を通して課題解決する体験を積ませていく教育活動である。その際、児童がよりよい人間関係を形成できるように、よい学級・学校生活づくりなどの様々な問題を、話し合いを通して主体的に解決できるようにすることが大切である。しかし、日々の教育活動に追われ、全教員がねらいや指導法について共通理解し、実践したとは言えない現状があった。

（課題2）特別活動の経験の浅い若手教員の育成

　本校には、本校初任で5年目までの教員が〇割いる。私は同学年の教員には、指導や助言を行っているが、他の学年や専科教員への働きかけが十分にはできなかった。また、学校全体としても、学習の保障や学習内容の確認・定着を図ることに注力してきたため、特別活動についての研修が十分に行われてきたとは言えない。

（2）課題解決のために

　私は主任教諭として、以下のように取り組んでいく。

（取組1）情報提供と振り返りを通した共通理解と指導の徹底

　昨年度、特別活動の年間指導計画を整理したが、計画に沿った指導を全教員が行っているとは言えない実態がある。学校全体で児童一人一人のよさを生かし、他人の失敗や短所に対して寛容で共感的な雰囲気を醸成したい。そのため、毎月半ばまでに翌月の活動のねらいや留意点などの資料を配布して説明し、活動の直前にも夕会などで確認する。さらに、各学年・専科会で活動後の振り返りを行い、有効な指導と課題の残った指導について全体に報告し、次の指導に生かしていく。

（取組２）特別活動についての研修会の実施

　若手教員が学級経営や様々な集団活動を指導する上で、特別活動のねらいや指導法、そして指導上の留意点を学ぶことはとても大切である。そこで、ＯＪＴ担当と相談し、特別活動と日々の集会や縦割り班活動など、具体的取組についての研修会を毎月開く。若手教員が日常の指導を振り返り、課題意識をもって指導できるようにする。さらに学年主任に指導内容を伝え、学年会などで確認できるようにする。

　私は主任教諭として常に取組を振り返り、主幹教諭や管理職に指導を受け一層の充実を図っていく。そして、学校運営の改善を図るために、主幹教諭を補佐し、学校組織に貢献していく。

【中学校・高等学校・特別支援学校受験者へのアドバイス及び対応】
　本解答例は小学校の事例をもとに作成してあります。中学校や高等学校では、学年単位での取組が重要となります。また、特別支援学校については障害の種別や程度によって取組は異なると思われます。
　しかし解答例に挙げた、ねらいや指導法の共通理解や、研修会を通して学んでいくことについては、校種に関係なく必要なことです。この解答例を参考に、自校の実態に合わせた解答を作成してください。

💡 解説

　現行学習指導要領の特別活動の目標は、「人間関係形成」「社会参画」「自己実現」の３つの視点を手掛かりに整理されています（解説・特別活動編）。児童・生徒がそれぞれの視点について取り組む際には、自主的・自発的に取り組むことができるように導く必要があります。学校や学級の課題を見いだし、よりよく解決するため話し合って合意形成し実践することや、主体的に組織をつくり役割分担して協力し合うなど、集団や自己の生活上の課題を解決するという観点で取り組ませ、「なすことによって学ぶ」ことができるような働きかけが必要です。　（松浦正和）

令和3年度
実施問題

≫令和**3**年度実施問題 解答例

道徳教育担当

　私は今年度、道徳教育推進教師と道徳科主任を命じられている。道徳教育は、全教師がその重要性について認識を深めるとともに、校長の指導の下、学校の道徳教育の重点や推進すべき方向性を共通理解し、具体的な指導の充実に努めていくことが求められる。今年度本校では、学校長の経営方針の「心豊かな児童の育成」を重点に全校で取り組んでいる。道徳教育全般の活性化と一層の充実を図ることが、学校運営の改善に資すると考える。

（1）課題

（課題1）学校、家庭、地域や関係機関と一体となった「道徳教育」の推進

　子供たちの教育を担うのは学校だけではなく、家庭や地域等もその役割と責任をもっている。学校と家庭や地域の双方が協力し、互いに補完し合って子供たちの心の教育を推進していくことが道徳教育の充実と活性化につながる。

　しかし、現任校においても日々の道徳教育は一生懸命に取り組んではいるものの、それが家庭、地域等には伝わってはいない。また、家庭や地域等における健全育成の取組も学校が承知しているとは言えない。連携して取り組む重要性は認識しているが、現実にはそれぞれの取組となっており統一性がない。双方で一体化させた「道徳教育」の推進をいかに進めるかが課題である。

（課題2）「特別の教科　道徳」の理念の共有と授業の質的改善

　新教育課程において道徳の時間が「特別の教科　道徳」となったが、その大きな要因の一つに、週1時間の道徳の授業がきちんと行われていなかった、という現状がある。今日そのような状況は改善されているが、授業の質についてはまだまだ課題もある。一部の熱心な教師を除いては、十分な検討をしていないまま授業をする実態がある。週1時間の授業をきちんと行い、しかも、質の高い授業を保障するのが現任校の課題である。

（2）解決のための方策

（解決策1）情報発信に努めるとともに連携の「要」となる

　道徳教育の主体は学校であるが、学校の道徳教育の充実を図るためには、家庭や地域との連携・協力が必須である。道徳教育担当の主任教諭として、私は以下に取り組む。第一に、「道徳教育通信」を定期的に発行したりホームページに「道徳教育コーナー」を開設したりして、学校の道徳教育等について情報を発信していく。第二に、学校が主催する「学校運営協議会」に出席したり、地域の健全育成の会合に出向いたりする。さらに、関係諸機関への定期的な巡

回等を通して情報収集に尽力する。第三に、「道徳教育の全体計画」に基づいて、校内での道徳教育の共通理解と共通実践にリーダーシップを発揮する。

（解決策2）道徳授業活性化のため、カリキュラム・マネジメントに取り組む

　第一に、「道徳科年間指導計画」の更新である。教科書会社の指導計画を自校の特質や実態に即したものに作り変える。第二に、自らも各種研修会や勉強会に出向いて資質・能力の向上を図り、質の高い授業実践に努め、その成果を校内に広げる。第三に、大勢の保護者や地域からの参観を得るため、道徳授業地区公開講座に創意工夫を凝らし魅力あるものとする。各学級の道徳授業の質的向上と意見交換会や講演会の充実に努めたい。

　以上のように、私は主任教諭として常に各取組を振り返り、必要な改善策を立案する。その上で主幹教諭や管理職の指導を受けながら、道徳教育の一層の充実を図り、学校運営の改善に取り組んでいく。

【中学校・高等学校・特別支援学校受験者へのアドバイス及び対応】

　小学校の事例として記述しましたが、中学校や特別支援学校中等部においてもそのまま当てはまります。特に、道徳科の授業については、中学校もこれまでを振り返り、教科の指導や行事に傾いた指導ではなく、心の教育の重要性を全教職員が認識し、一致した道徳教育を推進するための主任教諭としてのリーダーシップを具体的に述べましょう。

　高等学校においては、道徳科の授業はありません。したがって、ホームルームや公共の授業を充実させ、生徒の道徳性や倫理観を高める方途について記述します。道徳教育については、どの学種にも共通です。どう充実させるかを述べていきます。地域や家庭との連携についても、高等学校なりに述べていきましょう。

💡 解説

　道徳教育は全教育活動を通して充実・徹底を図らなければなりません。また「学校、家庭、地域等（関係機関）」との連携も必須です。すなわち「共通理解」のもと「共通実践」が行われなければ、その実を結ぶことはありません。

　小学校・中学校においては、週1時間の「特別の教科　道徳」の質的向上を図る方策が求められます。いずれにしても、学校と家庭や関係機関との連携における「要」となる主任教諭の創意と実践力が、よりよい学校運営を促すものと考えます。

（松浦正和）

»令和3年度実施問題 解答例

情報教育（ICT）担当

　令和3年1月の中央教育審議会答申「『令和の日本型学校教育』の構築を目指して」では、「全ての子供たちの可能性を引き出す、個別最適な学びと、協働的な学びの実現」が重視されている。GIGAスクール構想の早期実現を目指し、学校教育の基盤的なツールとして1人1台端末の有効的な活用が求められている。現任校は区のICT研究校に指定されている。私は研究副主任、ICT活用推進委員長として、校内研究の充実と活性化に取り組んでいる。以下、課題とその解決に向けた方途について記す。

（1）課題

（課題1）❶教科の特性を見極め、効果的にICT機器を活用する

　タブレットを含むICT機器は、これからの学校教育を支える基盤的なツールとして必要不可欠である。しかし、教育効果を考えて活用することが重要であり、活用自体が目的化しないよう留意しなければならない。現状を見ると、タブレットを十分に活用しているとは言えない授業が多く見受けられる。これは、教師がタブレットの操作や活用法に習熟していなかったり、教科の特質を十分に理解していなかったりするために、まずは使っていこうというレベルにとどまっているからである。

（課題2）情報モラル教育の推進が立ち遅れている

　本校はICT機器活用への意識は高いものの、情報モラル教育の推進については立ち遅れている。このことはタブレットに限らず、スマートフォン、SNS、さらには著作権や個人情報保護等の多岐にわたる問題である。情報モラル教育の研究までは「なかなか手が回らない」というのが現状である。LINEに関わって「ネットいじめ」の萌芽やトラブルも見られる。一部の保護者からは「タブレットを自由に使わせないでほしい」と指摘されたこともあった。

（2）解決のための方策

（解決策1）ICT機器の活用に向けた教師の資質・能力の向上

　ICT機器は「効果的に活用する」ことが大前提である。教科学習において効果的に活用するには、何と言っても教員一人一人が教科の特質を十分に理解しておかなければならない。そこで、研究主任や主幹教諭に進言し、研究する教科を絞り、焦点化して研究を進めていく。そして、各教科の年間指導計画にICT機器の使用を明記し、計画的・効果的な活用を促す。その上で毎週の学年会・専科会で実践をもち寄り、成果と課題を共有し、全体でも確認して次週

の指導に生かすようにしていく。

（解決策２）❷全教育活動を通した情報モラル教育の充実

　　ＩＣＴ機器が頻繁に活用されるようになる今後、情報モラル教育は必須である。私は担当として、教職員対象の情報モラル研修会を定期的に開催する。その際、主幹教諭や管理職の指導を受け、犯罪被害を含む危険回避や人権、知的財産権、健康との関わりなど各方面の専門家を招聘するなどして、研修の質的向上を図る。また、児童一人一人の豊かな心を育て道徳性を高められるよう、校内の道徳教育や特別活動などの教育活動を重視していく。さらに月１回「情報教育新聞」を発行し、必ず情報モラルのコーナーを設置し、児童がトラブルに巻き込まれず、情報機器を活用して主体的に学ぶことができるようにしていく。

　　私は主任教諭としてリーダーシップを発揮し、児童の主体的な学びに資するよう、全校においてＩＣＴ機器の活用を促進していく。

【中学校・高等学校・特別支援学校受験者へのアドバイス及び対応】

❶これは小学校教員が特に留意しなければならないことです。大学での専攻をはじめ、長年の教員生活で培ってきた教科における専門性をもつ教員も多いので、そのような先生方の力を借りて効果的な活用を検討していくことも考えられます。教科部会等で合意形成を図り、ICT活用について十分に研究を深めることはとてもよいことです。

　中学校・高等学校では、一人一人がその教科学習のエキスパートなので、さらなる研究・研鑽に努めることが肝要です。高等学校においては、「探究学習」が重視されるようになってきたので、そこにICTをどのように利活用するかの視点から記述するのもよいでしょう。特別支援学校においては、機器の操作訓練等、身体機能の向上を図る学習も効果があるかもしれません。

❷情報モラルについては、小学校よりも中学校・高等学校・特別支援学校の方がより切実な問題となるでしょう。全教育活動において、自他の尊重や情報の取捨選択と著作権などについて丁寧に扱っていく必要があります。

💡 解説

　ICT教育＝１人１台端末の活用と思っている教員も多いと聞きます。デジタル教科書やそれに付随する素材なども有効に活用したいものです。教師が自らの足で稼いできた自作の教材も電子化して活用することが考えられます。また、得られる情報の真偽についても、教える側としては十分に吟味しておく必要があります。間違ったことを教えるわけにはいきません。　　　　　　　　（松浦正和）

平成20年度～令和6年度主任教諭選考「受験者数・合格者数・倍率」

教育開発研究所調べ

令和4年度以降ほぼ横ばいの傾向ですが、令和6年度選考において、全校種で受験者数は微増、合格者数は微減しています。その結果、倍率が若干上昇しています。特に小学校籍は3倍台と高めとなっています。

[受験者数]

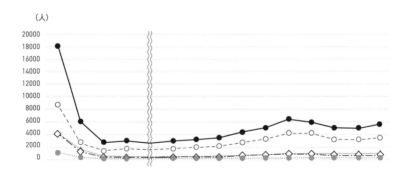

	平成20	平成21	平成22	平成23
小学校	8770	2638	1438	1744
中学校	4312	1442	574	585
高等学校	4202	1641	572	503
特別支援学校	1085	379	166	182
合計	18369	6100	2750	3014

	平成27	平成28	平成29	平成30	平成31	令和2	令和3	令和4	令和5	令和6
小学校	1724	1982	2155	2779	3277	4179	4020	3499	3547	3885
中学校	689	591	588	832	882	1068	956	955	998	1050
高等学校	397	461	568	624	754	988	873	680	669	709
特別支援学校	186	182	173	183	187	228	195	160	159	162
合計	2996	3216	3484	4418	5100	6463	6044	5294	5373	5806

[合格者数]

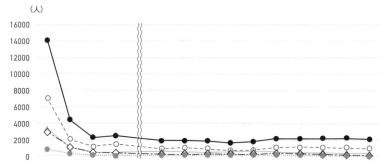

	平成20	平成21	平成22	平成23	平成27	平成28	平成29	平成30	平成31	令和2	令和3	令和4	令和5	令和6
小学校	6978	1976	1213	1476	909	1039	911	707	756	1062	1195	1161	1175	1148
中学校	3286	1026	456	476	603	525	486	540	620	553	567	510	523	512
高等学校	2916	1107	455	415	236	187	289	225	237	376	346	315	284	275
特別支援学校	804	298	137	149	169	166	154	160	171	168	148	136	143	132
合計	13984	4407	2261	2516	1917	1917	1840	1632	1784	2159	2256	2122	2125	2067

[倍率]

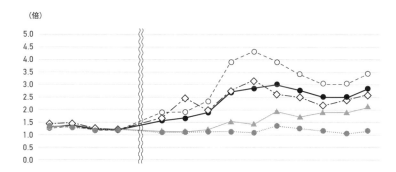

	平成20	平成21	平成22	平成23	平成27	平成28	平成29	平成30	平成31	令和2	令和3	令和4	令和5	令和6
小学校	1.3	1.3	1.2	1.2	1.9	1.9	2.4	3.9	4.3	3.9	3.4	3.0	3.0	3.4
中学校	1.3	1.4	1.3	1.2	1.1	1.1	1.2	1.5	1.4	1.9	1.7	1.9	1.9	2.1
高等学校	1.4	1.5	1.3	1.2	1.7	2.5	2.0	2.8	3.2	2.6	2.5	2.2	2.4	2.6
特別支援学校	1.3	1.3	1.2	1.2	1.1	1.1	1.1	1.1	1.4	1.3	1.2	1.1	1.1	1.2
合計	1.3	1.4	1.2	1.2	1.6	1.7	1.9	2.7	2.9	3.0	2.7	2.5	2.5	2.8

東京都公立学校の校長・副校長及び教員としての資質の向上に関する指標 （令和5年2月改定版　東京都教育委員会）

誰一人取り残さず、すべての子供が将来への希望を持って、自ら伸び、育つ教育を目指して

　教員の資質の向上に関する指標は、教育公務員特例法に基づき、公立の小学校等の教員の任命権者が、文部科学大臣が定めた指針を参酌し、その地域の実情に応じて策定するものです。
　東京都教育委員会では、令和4年8月に改正された国の指針を踏まえ、指標を改定しました。
　東京都公立学校の教員には、東京都の教育に求められる教師像が教員としての普遍的な資質の素地であることを踏まえ、成長段階に応じて求められる役割や身に付けるべき力等を自覚し、生涯にわたって資質の向上に努めることが求められます。

「未来の東京」に生きる子供の姿
- 自らの個性や能力を伸ばし、様々な困難を乗り越え、人生を切り拓いていくことができる
- 他者への共感や思いやりを持つとともに、自己を確立し、多様な人々が共に生きる社会の実現に寄与する
  （東京都教育施策大綱　令和3年3月）

東京都の教育に求められる教師像

● 教育に対する熱意と使命感を持つ教師
- ・子供に対する深い愛情
- ・教育者としての責任感と誇り
- ・高い倫理観と多様性に配慮した人権意識

● 豊かな人間性と思いやりのある教師
- ・温かい心、柔軟な発想や思考、創造性
- ・幅広いコミュニケーション能力

● 子供のよさや可能性を引き出し伸ばすことができる教師
- ・常に学び続ける意欲
- ・一人一人のよさや可能性を見抜く力
- ・教科等に関する高い指導力

● 組織人として積極的に協働し互いに高め合う教師
- ・経営参画への意欲、協働性
- ・高い志とチャレンジ精神
- ・自他の安全を守る危機管理力

教諭	主任教諭	指導教諭	主幹教諭	主幹教諭（管理職候補）	副校長	校長

教員が身に付けるべき力　　　　　　学校マネジメント能力

公教育に携わる者として磨き続けるもの

教職に必要な素養

教員が身に付けるべき力
- 学　習　指　導　力
- 生活指導力・進路指導力
- 外部との連携・折衝力
- 学校運営力・組織貢献力

学校マネジメント能力
- 学　校　経　営　力
- 外　部　折　衝　力
- 人　材　育　成　力
- 教育者としての高い見識

- 特別な配慮や支援を必要とする子供への対応
- デジタルや情報・教育データの利活用
- 教　育　課　題　に　関　す　る　対　応

教員の人材育成では、「OJT」、「Off-JT」、「自己啓発」の三点の手段が相互に関連し、はじめて効果的な育成が可能となります。校長・副校長や主幹教諭等同じ学校に勤務する教員からの指導はもちろん、教員個人の自己啓発、教員同士の相互啓発が醸成され、互いに高め合う環境をつくることが大切です（図）。

校長は、職場における心理的安全性の確保と多様な教職員同士の関わり合いを軸に、学校が直面する教育課題を組織的に解決することができるようリーダーシップを発揮し、学校組織全体として主体的かつ自律的な研修を推進する体制や教員等が学びに向き合うことができる研修環境を整えることが重要です。

（図）教員の人材育成イメージ

下の表は、教員について、前頁の指標にあげた「教育課題に関する対応」の主な項目について具体的な内容を示しました。これらは、様々な教育課題の中から、東京都教育施策大綱、東京都教育ビジョン等に基づき、これからの東京都の学校教育を推進していく教員に求められる内容を示しています。

教育課題	教員に求められる具体的な内容
人権教育の推進	・児童・生徒一人一人の人権に配慮した指導を通して、自他の人権を大切にしようとする児童・生徒を育成できる。 ・児童・生徒が人権課題についての正しい理解と認識を深め、偏見や差別意識を解消しようとする態度と実践力を育む指導ができる。
道徳教育の推進	・児童・生徒に、他者への思いやりや、かけがえのない生命を大切にする気持ちを育むことができる。 ・よりよく生きるための基盤となる道徳性を、児童・生徒自らが考え、議論し、行動しながら身に付けられる指導ができる。 ・保護者や地域等と連携し、児童・生徒の豊かな心の育成を図ることができる。
グローバル人材の育成	・児童・生徒に、異なる言語や文化、価値を乗り越えて、新しい価値を創造する力を身に付けさせることができる。 ・コミュニケーション力、異文化への理解、国際社会に生きるために必要なアイデンティティの育成を図る教育を行うことができる。
不登校対応の充実	・児童・生徒にとって魅力ある学校・学級をつくり、豊かな人間関係を育むことができる。 ・不登校の予兆への対応を含めた段階から組織的かつ計画的な支援ができ、個々の状況に応じた積極的な声掛けや関わりなど、早期支援に取り組むことができる。 ・児童・生徒本人と直接会って状況を把握し、デジタル技術の活用による学習支援等、その児童・生徒に応じた多様な学びの場を提供するなど、安心感を与えることができる。 ・保護者や関係機関と連携を図りながら必要な支援を行い、対応の改善を図ることができる。
いじめ防止、自殺予防等に係る取組の推進	・いじめの未然防止・早期発見・早期対応、自殺予防、虐待やヤングケアラー等の早期把握など、児童・生徒の小さな変化に気付き、適切に支援するための具体的な取組を、保護者や地域、関係機関等と連携しながら組織的に推進できる。 ・児童・生徒のＳＯＳを確実に受け止め、適切に支援できる。 ・児童・生徒のＳＯＳを出す力及び周りのＳＯＳに気付ける力を育成できる。
安全教育の推進	・安全教育の生活安全、交通安全、災害安全の３領域及び学校における安全教育の目標や内容を踏まえ、児童・生徒に危険を予測し回避する能力と他者や社会の安全に貢献できる資質や能力を身に付けられるよう指導できる。 ・学校における安全管理について、自校の危機管理マニュアル等を理解するとともに、事件・事故等が発生した際、管理職への報告や、教職員間の情報共有を図るなど、迅速かつ的確に判断し、対応できる。

東京都公立学校の校長・副校長及び教員としての資質の向上に関する指標

本指標は、教員自らが資質の向上に努められるよう、職層や成長段階に応じて身に付けるべき力を示しています。なお、現在よりも下位の職層や成長段階で示されている力は、既に身に付いているものとして構成しています。

教　員

職層・成長段階	教諭		主任教諭
	基礎形成期	伸長期	充実期
	1〜3年目	4年目〜	9年目〜
求められる役割や能力	○ 学習指導、生活指導や学級経営において直面する課題に対して、適切に対応する。 ○ 学習指導、生活指導や学級経営における教員としての基礎的な力を身に付けるとともに実践に生かすことができる。	○ 主任教諭を補佐しながら、分掌組織の一員として職務を遂行する。 ○ 自分の能力開発について謙虚に自己研さんに励み、知識や経験に基づく実践力を高めることができる。	○ 主幹教諭を補佐しながら、校務分掌などにおける学校運営上の重要な職務を遂行する。 ○ 教育指導の専門性を活用し、校務を処理するとともに同僚や教諭等に対して助言や支援を行うことができる。

公教育に携わる者として磨き続けるもの 「使命感」「教育的愛情」「人権意識」「倫理観」 など

	職層・成長段階	教諭		主任教諭
		基礎形成期	伸長期	充実期
		1〜3年目	4年目〜	9年目〜
教職に必要な素養／教員が身に付けるべき力	学習指導力	・学習指導要領の趣旨を踏まえるとともに、教育課程に基づき教育活動の質の向上を図ることの意義を理解し、ねらいに迫るための指導計画と評価計画の作成及び学習指導をすることができる。 ・児童・生徒の学習の状況や指導計画・評価計画を振り返り、授業改善を図ることができる。 ・児童・生徒の興味・関心を引き出し、個に応じた指導を行うことができる。		・「個別最適な学び」と「協働的な学び」の一体的な充実に向けた、学習者中心の授業をすることができる。 ・同僚や教諭等と協働した授業研究や、指導上の課題を捉えた指導・助言をすることができる。
		・教材の研究及び実践に努め、各教科等の専門的知識を身に付けるとともに、授業に生かすことができる。	・教材の研究及び開発に努め実践に生かし、各教科等の専門的知識を深めることができる。	・授業改善や授業評価について、実態や課題を捉え、解決策を提案することができる。
	生活指導力・進路指導力	・児童・生徒の良さや可能性を伸ばしながら、キャリア教育の計画を立てることができる。 ・生活指導上の課題に直面した際、他の教員に相談しながら解決することができる。	・児童・生徒の個性や能力の伸長及び社会性の育成を通した自己実現を図る指導を行うことができる。 ・他学級等の生活指導上の課題について共に対応したり、効果的な指導方法について助言したりすることができる。	・自校の多様な課題について、解決策を提案することができる。 ・児童・生徒がもつ個々の思いや悩み等を受け止め、学校生活への適応や人格の成長への援助を行うことができる。
		・心身の発達の過程や特徴を理解し、児童・生徒と信頼関係を構築して、授業や学級での規律を確立することができる。		・児童・生徒一人一人の可能性や活躍の場を引き出す集団づくりを行い、児童・生徒に自己有用感をもたせることができる。
	外部との連携・折衝力	・保護者会等の進め方を理解し、保護者と良好な人間関係を構築することができる。 ・課題に応じて、他の教員・保護者・地域・関係機関と円滑なコミュニケーションを図り、連携協働を通じて解決に向けて取り組むことができる。	・学校からの情報発信や広報、関係機関からの情報収集を適切に行うことができる。 ・他の教員・保護者・地域・関係機関と連携協働し、課題を解決することができる。	・関係機関に対し学校の考えを明確に示すとともに、情報収集を適切に行うなどして、円滑な関係を築くことができる。 ・自身や学校の強み・弱みを理解し、他の教員・保護者・地域・関係機関との連携協働を通じて、教育活動をより充実させることができる。
	学校運営力・組織貢献力	・学校及び教職の意義、社会的役割・服務の厳正に努め、組織の一員として校務に積極的に参画することができる。 ・担当する分掌の職務及び役割を理解し、適切に対応して校務を処理することができる。	・担当する分掌についての企画・立案や改善策を提案するなど、校務へ積極的に参画し、組織内で自らの役割を果たすことができる。	・主幹教諭を補佐し、職務を遂行するとともに、担当する校務分掌の職務について、同僚や教諭等に指導・助言することができる。 ・学校の課題を捉え、対応策等について管理職や主幹教諭に提案することができる。
		・児童・生徒の安全に関する知識、思考力、判断力や行動力、危険を予測し回避する能力、他者や社会の安全への貢献力の向上のための指導をすることができる。		
教職に必要な素養	特別な配慮や支援を必要とする子供への対応	・特別支援教育等に関して身に付けた知識に基づき、児童・生徒の実態を把握するとともに、他の教員・保護者と連携して個別指導計画等を作成し支援することができる。		・多様な児童・生徒のニーズに対応するために必要となる知識や方法を身に付け、学習上・生活上の配慮や支援を工夫することができる。
教職に必要な素養	デジタルや情報・教育データの利活用	・デジタル技術の活用や、情報活用能力の育成に向けた授業を実施することができる。 ・教育データを活用し、児童・生徒の学習改善を図ったり、生活指導に生かしたりすることができる。	・デジタル技術の効果的な活用や、情報活用能力の育成に向けた授業を実施することができる。 ・教育データを活用し、児童・生徒の学習改善や生活指導に生かすことについて、初任者等に指導・助言することができる。	・デジタル技術の活用や情報活用能力の育成に関する、適切な指導計画を作成し授業実践等を行うとともに、同僚や教諭等の指導の状況を把握し、指導・助言することができる。 ・児童・生徒の学習改善を図ったり、生活指導に生かしたりするための教育データの活用方法を提案することができる。
教職に必要な素養	教育課題に関する対応	・教育課題に関わる法的な位置付けや学習指導要領の記述を確認するなどして課題に対する知見をもち、主体的に対応することができる。	・教育課題についての理解を深め、主任教諭を補佐し、分掌組織の一員として、課題解決のために貢献することができる。	・教育課題に関する校務分掌での重要な役割を担い、主幹教諭を補佐するとともに、同僚や教諭等に対して指導・助言することができる。

養護教諭と栄養教諭の「指標」は
こちらからご覧ください。

～教職生涯を通じて学び続ける、新たな教師の学びの実現～

指導教諭	主幹教諭	職層	教育管理職候補	教育管理職	
			主幹教諭	副校長	校長
11年目～		**求められる役割**			
○ 都公立学校教員全体の授業力の向上を図る。 ○ 高い専門性と優れた指導力を活用し、自校や他校の教員の人材育成を推進することができる。	○ 管理職を補佐しながら、教員を指導・育成するとともに、積極的に学校経営に関与する。 ○ 教員に対して指導・助言し、保護者・地域・関係機関等と連携して担当する校務を処理することができる。		○ 学校経営方針を受けて、他の教員に対しリーダーシップを発揮して副校長を支え、管理職として必要な学校経営ができる力を身に付ける。 ○ 教職員のコミュニケーションにより自校の課題を捉え解決策を立案し、課題解決に向けて参画する。 ○ 学校内外との良好なコミュニケーションを実践し、学校の教育力を高める方策を提案する。	○ 学校経営方針の具現化に向けた方策を作成・提示し、リーダーシップを発揮して教育活動の改善の中心となり、校長と共に学校を経営する。 ○ 教職員の状況変化を敏感に捉え、組織的な課題解決に向けて、校長と共に働きやすい職場環境を推進する。 ○ 学校内外とのコミュニケーションの中心的役割を担い、学校の教育力を高める。	○ 学校内外の実態把握に基づいた学校経営方針を作成・提示し、広い視野でリーダーシップを発揮して学校改革を推進する。 ○ 教職員の状況を的確に把握し、個々の能力が最大限に発揮できる人材配置と働きやすい職場環境を構築し、推進する。 ○ 学校内外との良好なコミュニケーションを推進し、学校及び地域・関係者の相互作用により、学校の教育力を最大化する。

指導教諭	主幹教諭	職層／能力	主幹教諭	副校長	校長
11年目～					
・模範となる自らの授業を積極的に公開するとともに、自校や他校の求めに応じて授業を観察し、指導・助言をすることができる。	・学校経営計画の実施状況等を把握し、学年主任や教科主任に指導・助言することができる。	**学校経営力**	・学校経営方針に基づき、担当した分掌における課題について解決策を提案し、教職員を支援し他の教員に助言することができる。	・学校経営方針を踏まえ、全教職員を適材適所に配置して、組織的に学校の課題を解決することができる。	・学校経営目標達成のため、学校経営上の課題を把握し、課題解決のために、組織的に学校改革を推進することができる。
・教科指導資料等の開発、模範となる教科指導のための教材開発を行うことができる。	・教育課程に基づき組織的かつ計画的に教育活動の質の向上を図るとともに、学校全体の年間授業計画や授業改善推進プラン、評価計画等を作成することができる。		・校務分掌を越えて学校経営に関する様々なデータや内外環境に関する情報を収集・整理・分析し、教職員に提示することができる。	・学校経営に関する様々なデータや内外環境に関する情報を収集・整理・分析し、校長と共に教職員に課題等を提示し、解決することができる。	・学校経営に関する様々なデータや内外環境に関する情報を収集・整理・分析し、教職員に課題等を明確に示すことができる。
・児童・生徒の個性や能力を把握し、地域・社会と連携しながら、自己実現に向けた生活指導・進路指導の計画を立て、推進することができる。	・児童・生徒の観察や、他の教員や関係機関等との連携による情報収集に基づき、自校の多様な課題を捉え、管理職を通して、個に応じた指導や集団指導の改善等を提案し、実行することができる。		・コンプライアンスを徹底して、事故等の未然防止のための具体的方策を提案し、緊急時には適切に判断し対応することができる。	・様々な場合を想定した事故等の未然防止策を教職員に策定し、コンプライアンスの徹底を図り、安全・安心な学校環境を構築することができる。	・様々な危機に対する未然防止策を策定し、コンプライアンスの徹底と職場環境を整えることができる。
				・緊急時には適切に判断し、課題解決のための中心的役割を担うことができる。	・緊急時には適切に判断し、迅速な対応を行うことにより状況を打開することができる。
・他の教員と協力するとともに意思の疎通を図り、職務遂行上の課題や能力開発について相談に応じたり助言したりすることができる。		**外部折衝力**	・保護者等から寄せられる意見や要望を副校長に報告し、学校内外の関係者との連携を図り自校の方策を管理職に提案することができる。	・保護者や地域、関係機関等の要望や要求を把握し、社会資源の活用や調整、協議を行い、校長の助言を受け、適切に対応することができる。	・保護者や地域、関係機関等と連携し、信頼・連携・協働しつつ、適切に地域・社会の教育資源を活用した学校経営を行うことができる。
・保護者・地域・関係機関等の要望等に対して、円滑かつ迅速な対応を図ることができる。	・授業や学級経営等について他の教職員に指導・助言するとともに、人材育成の情報を管理職に提示することができる。	**人材育成力**	・校長と共に授業観察等を積極的に行い、全教職員の適性や能力を把握し、個々の教職員に応じた人材育成を行うことができる。		・多様な情報による人事考課制度を有効に活用し、教職員の能力開発を行うとともに、副校長等管理職候補者等の人材育成を行うことができる。
・学校教育を取り巻く環境の変化に合わせて常に学び続けるとともに、指導力の向上に関する教員の人材育成を推進することができる。	・学校教育を取り巻く環境の変化に合わせて常に学び続けるとともに、中・長期的な視点での教員の人材育成を推進することができる。		・学校課題解決に向けて、教職員のニーズを踏まえた校内研修等について管理職に提案し、教職員が学びに向き合う環境を整えることができる。	・教育課題対応や教職員のニーズに対応した校内研修やOJT等を組織的に推進し、教職員が学び合う協働的な環境を整えることができる。	・教育課題や教職員のニーズに対応した協働的な校内研修やOJT等を推進して教職員の自律的な成長を促し、人材育成を活性化することができる。
・学校組織マネジメントの意義を理解した上で、校務分掌全体の進行管理や分掌間の調整を図るとともに、管理職と十分協議して、校長の指示の下、学校運営することができる。		**高い教育者としての見識**	・東京都教育委員会及び所属する区市町村教育委員会の教育目標や教育施策を踏まえ、実践することができる。	・地域・保護者等のニーズを把握し、教育管理職候補者の育成を生かし、校長の学校経営方針を具現化することができる。	・社会の変化を的確に捉え、教育に対する地域・保護者等の期待やニーズを把握して、教育管理職像等の経営管理に基づいた学校経営を行い、期待に応えることができる。
・主任教諭等への指導・助言や発信を通して、校内の特別な配慮が必要な児童・生徒への支援・教育を組織的に推進することができる。	・特別支援教育コーディネーターやSC、SSW、保護者や外部の関係機関等と協働し、組織的な対応を行うことができる。	**特別な配慮や支援への対応**	・特別な配慮や支援への対応に関する校内の体制整備等の具体的な方策を、提案することができる。	・特別な配慮や支援を推進し、関係機関と連携する体制整備等を推進し、関係機関と連携して充実を図ることができる。	・特別な配慮や支援への対応について、学校全体で取り組むための組織編制を行い、組織全体で推進することができる。
・デジタル技術の活用や情報活用能力の育成に向けた模範となる授業を実践することができる。	・デジタル技術の効果的な活用等に向けた研修計画の策定や、情報活用能力の育成に向けた学校全体の体系的な指導を推進することができる。	**デジタルや教育データの利活用**	・副校長と共に、授業におけるデジタルの利活用や校内のデジタル化を推進するための具体的方策を提案することができる。	・授業におけるデジタルの利活用や校務のデジタル化を推進するための具体的方策を策定し、示すことができる。	・学校における教育のデジタル化に向けたロードマップを策定し、実現を図ることができる。
・児童・生徒の学習改善を図るために、教育データを活用した授業を提案することができる。	・教育データを活用した業務の効率化を推進することができる。		・校内のデジタル等の活用の推進を進行管理し、啓発に務め、指導・助言を行うことができる。	・デジタルを活用した校務の効率化の推進について進行管理し、評価及び改善を推進することができる。	・デジタル等を効果的に活用した学校運営の組織編制を行い、点検・評価し、改善することができる。
・教育課題について高い専門性と優れた指導力を身に付け、学校組織における中心的な役割を担う存在として、管理職を補佐し、教員の対応力向上に関して指導・助言することができる。		**教育課題に関する対応**	・教育課題についての高い専門性と優れた指導力を発揮して、管理職を補佐し専門性の高い解決策を提案し、組織的な解決の中心的役割を果たすことができる。	・学校運営する教育課題を的確に把握し、校長を補佐し広い視野の教育的識見と高い解決策を提案し、適切な進行管理の下で、組織的に解決することができる。	・学校教育を取り巻く課題を敏感かつ的確に把握して、取り組みビジョンや優先順位、役割分担を提案し、適切な進行管理の下で、組織的に解決することができる。

令和6年度東京都公立学校主任教諭選考実施要綱

令和6年4月24日
東京都教育委員会

1 趣旨

この要綱は、令和6年度の東京都公立学校の主任教諭選考について規定する。

2 受験資格

受験資格者は、次の全ての要件を満たす者とする。

なお、学校教育法第1条に定める国公私立学校（ただし、幼稚園、大学及び高等専門学校を除く。以下単に「国公私立学校」という。）の正規任用又は臨時的任用（産休・育休代替教職員及び期限付任用教員をいう。以下同じ。）の任用期間のうち、月の中途採用又は中途退職がある月も、1月と数える。

(1) 現に東京都公立学校の教諭、養護教諭又は栄養教諭として任用されている者

(2) 次のア又はイの要件を満たす者

  ア　受験しようとする者が教諭又は養護教諭である場合

    令和7年3月31日（以下「基準日」という。）現在、国公私立学校の正規任用若しくは臨時的任用の教諭又は養護教諭の経験年数が通算して8年以上ある者（複数の校種教科の通算も可）。ただし、基準日現在において都の教諭又は養護教諭の経験（臨時的任用を除く。）が継続して2年以上あること。

  イ　受験しようとする者が栄養教諭である場合

    基準日現在、国公私立学校の正規任用又は臨時的任用としての栄養教諭の経験年数が通算して8年以上ある者。ただし、基準日現在において都の栄養教諭の経験（臨時的任用を除く。）が継続して2年以上あること。

    なお、東京都公立学校における学校栄養職員としての経験年数（臨時的任用を含む。）は、当該経験年数に100分の80を乗じて得た年数（月未満端数切捨て）を栄養教諭の経験年数として通算する。

(3) 年齢　基準日現在、満30歳以上61歳未満の者

  （昭和39年4月2日から平成7年4月1日までに生まれた者）

3 選考方法

職務レポート及び日常の勤務実績による選考により行う。

(1) 職務レポート（手書き）

職務レポート	1題出題する（1,500字程度）。
	課題意識や課題解決能力、表現力等について評定する。

  詳細は8「選考日及び選考会場」を参照のこと。

(2) 勤務実績

業績評価により主任教諭としての能力と適性について評定する。

4 合格予定者数

小学校約1,100人　中学校約520人　高等学校約290人　特別支援学校約160人
ただし、成績等により変更する場合がある。

5 選考の申込方法等

(1) 受験希望者は、各校長が配布する令和6年度東京都公立学校主任教諭選考受験申込書（以下「受験申込書」という。）に必要事項を記入し、各校長に提出する。前歴を通算することで受験資格を有する者については、受験資格を満たすことが分かる前歴の在職証明書を合わせて提出する。

ただし、過去に東京都公立学校主任教諭選考を受験した者については、在職証明書の提出を不要とする。

(2) 各校長から提出された受験申込書については、都立学校は当該学校を所管する学校経営支援センター・支所が、区市町村立学校は各区市町村教育委員会が取りまとめ、関係書類とともに、令和6年5月20日（月）（消印有効）に、教育庁人事部選考課へ送付する。

なお、選考課への提出は原則として簡易書留による郵送とし、やむを得ない場合のみ持参とする。

6 提出する書類及び提出日等

提出する書類及びその提出日等の詳細については、別紙「令和6年度東京都公立学校主任教諭選考関係配布書類及び提出日一覧」を参照のこと。

＜参考＞

(1) 受験申込書 ・・・・・・・・・・・・・・・・・・・・・・令和6年5月20日（月）

(2) 在職証明書（該当者のみ）・・・・・・・・・・・・・・・・令和6年5月20日（月）

(3) 受験申込者リスト（データ（Excel ファイル）及び紙）・・令和6年5月20日（月）

(4) 主任教諭選考受験申込状況報告書 ・・・・・・・・・・・令和6年5月20日（月）

7 受験票の交付

校長を通じて、受験者に受験票を交付する。
令和6年7月上旬予定

8 選考日及び選考会場

(1) 選考日
令和6年7月14日（日）

(2) 選考会場
東京都が指定する選考会場において、職務レポートによる選考を実施する。
なお、選考会場については、都内2箇所及び島しょ地区に設置する予定。詳細は受験票により通知する。

9 合格者への通知

選考で合格の基準に達したと判定された者を主任教諭任用候補者として合格者名簿に登載し、令和6年11月下旬（予定）に、都立学校は当該学校を所管する学校経営支援センター・支所、区市町村立学校は各区市町村教育委員会を通じて、各校長から受験者本人に通知する。

なお、令和6年12月上旬（予定）に東京都教育委員会ホームページに合格者の名簿を掲載する。特段の事情により、掲載を辞退する者については、申込みの際に「理由書」（様式任意）を提出すること。

10 任用候補者資格の抹消

合格者について、令和7年3月31日までに、下記（1）から（4）までのいずれかに該当した場合は、合格者名簿から取り消し、任用候補者資格を抹消する。

(1) 選考を受ける資格を欠いていることが明らかとなった場合

(2) 選考合格者（任用候補者）を辞退した場合

(3) 心身の故障その他により、主任教諭としての適性を欠くことが明らかとなった場合

(4) 選考において不正行為が明らかになった場合

11 受験資格の取扱い等

(1) 国公私立学校教職経験年数の取扱い

ア　休職、育児休業、大学院修学休業又は配偶者同行休業の期間は、教職経験年数に含める。

イ　寄宿舎指導員、実習助手、非常勤講師等として勤務した期間は、教職経験年数に含めない。

ウ　停職期間は、教職経験年数に含めない。

(2) 国の機関等に勤務する者の取扱い

ア　申込日現在、都との人事交流協定書により国立大学法人の附属学校等に勤務する教員は、東京都公立学校教員とみなし、この要綱の規定を準用する。

イ　文部科学省が実施している在外教育施設派遣期間中の教諭は、受験することができる。

ウ　上記ア及びイのほか、東京都教育委員会が特に認める者は、この要綱の規定を準用する。

(3) 海外日本人学校教職経験年数の取扱い

ア　文部科学省が実施している在外教育施設派遣及び独立行政法人国際協力機構が実施しているJICA海外協力隊において、教員として勤務した期間は、教職経験年数に含める。

イ　現地採用教員として勤務した期間は、教職経験年数に含めない。

(4) 休職者等の取扱い

ア　休職又は停職期間中で、選考日の前日までに復職できない場合には、選考を受験することができない。ただし、職員の休職の事由等に関する規則（昭和27年東京都人事委員会規則第11号）第2条第1号、第2号又は第4号に該当する場合で東京都教育委員会が認めた者は受験することができる。

イ　選考日が育児休業又は配偶者同行休業中にあたる場合には、選考を受験することができる。

12 その他

選考において不正行為が明らかになった場合は、当該受験者を失格とする。

2024・2025 教務主任の仕事 A to Z
楽しくやりきる90のコツ

考え方も、実務も、法令も、
最新の教務主任必須課題
90項目の最適解！

〔編集〕**喜名朝博**
国士舘大学教授／
元全国連合小学校長会長

最新刊！

四六判／212頁／定価2,420円(本体2,200円＋税10%)

教務主任に必要とされる考え方や仕事の基礎的知識に加えて、
最新の課題・潮流にどのように対応していけばよいのか、
それぞれポイントを押さえ具体的に提示。
9章90項目すべて見開き2頁で使いやすい構成！

本書の内容

- 序章 教務主任　10のマインドセット
- 1章 どう対応する?最新教育課題の実務徹底解説
- 2章 押さえておこう教務主任の役割・心構え
- 3章 組織運営のポイントはここ
- 4章 教育課程編成のコツをつかむ
- 5章 人材育成・研修にはこうあたれ
- 6章 学校行事はこう仕切れ
- 7章 保護者・地域との関係をつくる
- 終章 教務主任に求められる10の資質・能力

ご注文は、小社、Amazon、書店まで。小社は**送料無料・即日発送！**（午後3時注文分まで・土日祝日除く）

WEBからのご注文なら早くてカンタン！
■オンラインショップ： 教育開発研究所　検索

電話　**03-3815-7041**
無料FAX　**0120-462-488**

「職務レポート解答例」ダウンロードのご案内

本書未掲載の「職務レポート解答例」20本[1]のPDFファイルをダウンロードいただけます（アンケートへのご回答が必要です）[2]。下記のメールアドレスに空メールをお送りいただくか、またはQRコードからアンケートフォームにお進みいただき、お手続きください。

ダウンロード手順

①アンケートフォームにアクセス！

shunin2025@kyouiku-kaihatu.co.jp
へ空メール[3]！
※アンケートフォームのURLを自動返信メールでお送りします

or

②アンケートにご回答ください！

③ご指定のメールアドレスにダウンロードページのURL[3]をお送りします！

④PDFファイルをダウンロード！

[1] 令和5(2023)年4月刊行『令和5年度改訂版　東京都主任教諭選考　職務レポート合格対策集』に掲載された解答例となります。刊行当時の情報をもとに作成されています。

[2] ダウンロードは本書購入者限定サービスです。

[3] アンケートへの自動返信メールが届いていない場合、メールアドレスが誤っていないか、迷惑メールフォルダにメールが入っていないかをご確認ください。上記を確認しても届かない場合は、他のメールアドレスをご入力してお試しください。

※お問い合わせ　online@kyouiku-kaihatu.co.jp

「動画講義」のご案内

講師●松浦正和 先生　　収録時間●約35分

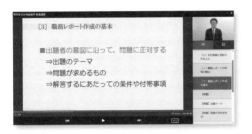 

スマホ・タブレット・PCで
何回でも視聴いただけます。

主任教諭に求められる役割と
職務レポートの書き方を
具体的に解説します。

定価 1,500円（税込）　　※受講期間は申込後1年間です

ご購入はコチラから！

https://www.kyouiku-kaihatu.co.jp/bookstore/products/detail/506081

【ご受講の流れ】　※受講には、インターネットの接続環境が必要です。
〈1〉お申し込み：小社ホームページ・お電話（03-3815-7041）・FAX（0120-462-488）
〈2〉小社より、①受講方法のご案内、②講義資料、③受講料払込票を送付
〈3〉上記①のご案内に従ってご受講ください

※お問い合わせ　online@kyouiku-kaihatu.co.jp

電子版でも読める！
※定期購読者限定
■スマホ・タブレット・PCすべてに対応！
■検索で知りたい情報にすばやくアクセス！

ミドルリーダー必読の総合研修誌
月刊『教職研修』

『教職研修』の特徴

☑ 知りたい時事問題・ニュースが充実！
☑ 最新文教政策を現場の目線で深掘り！
☑ 学校経営に求められる力が身につく！
☑ 教育課題がわかり対応力が身につく！

オンラインショップ：
教育開発研究所　検索

令和7年改訂版
東京都主任教諭選考　職務レポート合格対策集

2025年4月20日　第1刷発行

編著者………………松浦正和
発行者………………福山孝弘
発行所………………株式会社教育開発研究所
　　　　　　〒113-0033　東京都文京区本郷2-15-13
　　　　　　TEL：03-3815-7041（代）　FAX：03-3816-2488
　　　　　　URL：https://www.kyouiku-kaihatu.co.jp
　　　　　　E-mail：sales@kyouiku-kaihatu.co.jp
　　　　　　振替　00180-3-101434
カバーデザイン………………ヤマシタツトム
本文デザイン＆ＤＴＰ………shi to fu design
編集協力………………滝山陽子
編集担当………………大沼和幸
印刷所………………奥村印刷株式会社

ISBN 978-4-86560-608-9　C3037
落丁・乱丁本はお取り替えいたします。
定価はカバーに表示してあります。